日本企業はなぜ世界で通用しなくなったのか

林原　健
Hayashibara Ken

ベスト新書
578

これからどうなる？　答えはここにある。

——日下公人（評論家）

まえがき ～本来の「日本の力」を取り戻そう！

本書のなかで詳述しますが、私はかつて岡山県で「林原」というグループ企業を経営していました。

しかしながら、私の経営の不手際により「林原」は会社更生法の適用を申請することとなり、私たち一族は経営の一切から退くことになりました。

林原グループの中核を成していたのは、株式会社林原、株式会社林原生物化学研究所、株式会社林原商事の3つでしたが、私がもっとも心血を注いでいたのが「林原生物化学研究所」でした。

この研究所で、私たちは多くの医薬品や栄養食品の素材を世界に供給してまいりました。まさにこの研究所は、私にとっての「生きる場所」でした。

会社の倒産によって私は、我が子のようにかわいがってきたこの研究所を手放し、ひとりとなりました。

しかし、私のなかには未だ研究に対する情熱が冷めずに残っています。長く研究者を務めてきたなかで培ってきた「直観力」と「洞察力」、さらにそれらの成果としての「研究の蓄積」を、自由の身となった今だからこそ、世のために生かしていかなければならない――、それが私の使命であり、果たすべき役割だと考えています。

私が残りの人生を懸けてやろうとしていることはふたつあります。そのひとつは末期ガンを治す制ガン薬の製品化であり、もうひとつは多くの人々の健康に資する栄養食品の製品化です。

そして今、私は再出発の第一歩として、「人々の健康に資する栄養食品の製品化」に着手しており、近々それが形になる予定です。

76歳を超え、私は今までの人生の蓄積をこのように商品として発表するだけでなく、世界と渡り合ってきたその経験を、若い世代に伝えていかなければならないとも考えています。

本書では、私がいかに世界と渡り合ってきたか、さらにはこれからの日本はどうあるべきなのか、世界の中で日本の存在感を示していくにはどうすればいいのか——、私なりの所見を述べさせていただきました。

中国の台頭によって、アジアの中の日本、さらには世界の中における日本の存在感が薄れてきているようにも感じますが、本来、日本の持っている力はこんなものではないはずです。

私たち日本人の持てる力を結集すれば、世界の中での日本の存在感は増し、世界のどんな国とも対等に渡り合っていけるのです。

私の再出発の決意表明でもある本書が、「日本再建」の一助となるのであれば著者としてこれほどうれしいことはありません。

林原　健

日本企業はなぜ世界で通用しなくなったのか◎目次

まえがき　～本来の「日本の力」を取り戻そう！　5

序章　「iPhone」を開発できなかった日本企業の弱点

なぜ日本企業は「iPhone」を作れなかったのか　16
「温故知新」――先人たちに学ぶ　17
「合理化」を疑え　19
「破滅」への道……　20
「終わりは始まり」――失敗を恐れることなかれ　23

第一章　「オンリーワン」の〝モノ作り〟に「市場調査」はいらない

「オンリーワン」の〝モノ作り〟を誓ったあの日　28
「有力素材」の開発秘話　～最初の成功「マルトース」　30
「林原」の名を世界に知らしめた「トレハロース」　32

「トレハロース」を量産化できたワケ　34
私たちに「市場調査」は必要なかった　38
「失敗」は「成功」への架け橋　41
「責任」を取るのがリーダーの仕事　44
「見捨てられたもの」にチャンスを見出す　47

第二章　世界に通用する、日本人の「独創心」

腕白だった少年時代、空手と出会った高校時代　52
友人の父親が児玉誉士夫!?　56
大人物から教わった大切なこと　60
父の急死と思いもよらぬ社長就任　62
研究の道に誘ってくれたデンプン先生　65
「転機」は自ら動くことでやって来る　68
「好奇心」——我が師・井深大の言葉　70
若さゆえの思い切った方針転換　74

飛躍のきっかけ～新たな「酵素」の発見　78
地方企業がアメリカの先端企業に勝利！　81

第三章　海外企業に負けない「経営力」とは？

蒔いた種が実をつけ始めた70年代～開発の成果が徐々に　86
「研究部門」を強化し、さらなる〝独自発見〟を目指す　89
「インターフェロン」との出会い　91
外国人との交渉術　96
精神の軸は〝空手〟にあり　100
〝独創〟は出すものではなく、辿り着くもの　104
海外企業から「独創」を守るための〝特許〟　108
「モノ作り企業」が忘れてはならないこと　112
日本向けも、海外向けも、営業スタンスは同じ　116
「違い」を認め合ってこそ、長続きする交流が生まれる　118

第四章　「日本型経営」の良さを見直す時がきた

「カバヤキャラメル」を作った父・一郎　124
スーパー実業家だった父の「発想力」と「行動力」　127
岡山から世界へ～地域に根ざした企業　129
「次の世代」に、より良い日本を残すために　132
リーダーがしっかりと舵を取れば社員は育つ　134
〝オンリーワン〟の商品が会社をよくする　139
飽くなき研究、開発の志が明日の日本を担う　141
「合理化」が日本企業を弱体化させた　143
「和」を求めるだけでは企業は伸びない　146
「コネ」は絶対悪ではない　149
老舗の〝伝統〟を守り続けることの大切さ　152
子供たちの「教育」も見直すべき　154
中堅・中小企業を再生する方法　157

終章　常識を打ち破る、新たな戦い

「直観力」で新製品を開発！　162
これからは「サプリメント」の時代　165
残りの人生にかける、いくつかのテーマ　167
ガンの根は20年前にできている⁉　170
サプリメントは〝適量〟が肝心　173
私が開発してきたその他の素材　174
「自然の力」は偉大なり　176
「林原流健康法」～コーヒーを水代わりに飲む　179

あとがき　～日本人として大切なもの　182

刊行に寄せて：異能の人――浜田卓二郎　186

序章

「iPhone」を開発できなかった日本企業の弱点

なぜ日本企業は「iPhone」を作れなかったのか

戦後、日本は「技術大国」として、世界中に多種多様な日本ブランドを広めてきました。他国には決して真似のできない〝職人芸〟が、様々な分野の職業、仕事に息づき、その高い技術力が脈々と受け継がれてきたのです。

しかし近年、「モノ作り」が売りだった国内産業に元気がありません。世界最先端、かつ高品位を誇っていたエレクトロニクス産業も、「iPhone」などに代表されるように、今では他国のブランドが国内でも幅を利《き》かせています。

さらに、東芝、日産、神戸製鋼といった日本を代表する企業の不祥事が次々と明らかになるなど、国内産業を牽引してきた大企業の凋落《ちょうらく》ぶりは目を覆うばかりです。

元々、ポータブル系の電子機器は日本の専売特許であったはずなのに、スマートフォンの分野では日本独自の技術にこだわるあまり、アップルやサムスンといった外国企業にすっかり出し抜かれてしまいました。

こういった現状を打破し、技術大国日本の誇りを取り戻すにはどうしたらいいのでしょうか。

「温故知新」――先人たちに学ぶ

「温故知新」という言葉もあるように、私は今こそ先人たちの言葉に耳を傾け、そこから新たに進むべき道を見出してくことが重要だと考えます。

先人たちの言葉で真っ先に思い浮かぶのは、ソニーの社長だった井深大《いぶかまさる》さんの言葉です。

私は知人の紹介で、当時、品川に完成したばかりのソニー初のカラーテレビ工場を見学したのですが、そのとき工場内を案内してくれたのが、工場長も兼務していた井深さんでした。

以来、井深さんとはプライベートでもお付き合いするほど懇意な間柄となり、示唆《しさ》に富むお言葉も色々とかけていただきました。なかでも、〝モノ作り〟に関しての言葉は忘れられません。

「これからのモノ作り企業は、他社にはない製品、他社では真似のできない独自の技術を目指さなくてはなりません」

また、井深さんは私にこうも仰いました。

「頭を不必要に下げてはいけません」

この言葉は、当時くだらない接待や交渉ごとに明け暮れ、ほとほと嫌気が差していた私の心にとても響きました。

当時、私の会社には欠かせなかった糖《とう》の原料である「デンプン」は統制品目であり、安く仕入れようと思ったら役人や政治家たちと親密に付き合わざるを得ませんでした。料亭にゴルフに麻雀にと、接待ばかりの毎日で、知らず識らずのうちに「不必要に頭を下げる」ことが仕事のようになってしまっていました。

井深さんはきっと「よそには真似のできない独自の技術を確立すれば、頭など下げなくても会社の利益は生み出せる」ことを私に伝えたかったのでしょう。

「合理化」を疑え

本書のなかで詳述していきますが、今の日本企業は「合理化」だけを進めてきたため、「独自の技術を生み出す」という余裕がなくなっています。

かつて自分たちが作り上げた技術に未練がましくしがみついているばかりで、新たな技術を生み出そうという気概を失ってしまっています。

「独自の技術」を生み出していくためには、今よりも厳しく、険しい道のりを歩んでいく必要がありますが、私たちに躊躇《ちゅうちょ》している暇はありません。

今のままでは、日本企業は凋落の一途を辿っていくだけです。「技術大国」としての誇りを取り戻すための「新たな一歩」を踏み出すのは、まさに〝今〟なのです。

「破滅」への道……

私の考えを述べていく前に、まずは私自身の過去の失敗からお話しをしないといけません。

私はかつて、岡山県で食料品や医薬品などの原料の研究開発及び製造販売を行う「林原」という企業グループを経営していました。

岡山周辺ではかなり知られたグループ企業で、製糸業やホテル事業などグループ企業は約20社に及び、従業員は約1500人おりました。

グループの中核を成す林原本体は、主にデンプンから食品向けなどの糖化製品の開発、生産を手がけており、世界でも独自の地位を得ていたと思います。

インターフェロンなどの医薬品も手がけていたため、「バイオ企業」などと呼ばれることもありましたが、先代である父から受け継いだデンプン化学が家業であることに変わりはありませんでした。

私にとっても、社員にとっても、また応援してくださっていた地域の方々にとっても大切な会社でしたが、終わりは突然にやって来ました。

2010年、何の疑問も持たず研究や分析に没頭し、社外では色々な分野の専門家に会ったり、自宅ではバイオテクノロジーや医療の専門書を耽読《たんどく》したり――。これから林原が取り組むべき研究テーマの発掘に余念のなかった私に、メインバンクの中国銀行から「経理処理についての説明をしに、本店まで来てほしい」と連絡が入りました。

それを伝えに来た専務（私の5歳下の弟）も慌てた様子でしたが、誰よりも驚いたのは会社の営業、人事、総務、経理など、経営に関することすべてを弟に委ねてきた私自身でした。

経理処理など具体的なことは何も承知していなかった私に、直接説明に来るように要求してくること自体、余程のことと思わざるを得ませんでした。青天《せいてん》の霹靂《へきれき》とはまさにこのことです。

それまでの私は、人にはそれぞれ果たすべき「役割」と「責任」があると思って生きていました。私の役割は会社の進むべき方向を指し示すこと、それに必要な新製品の開発や、研究テーマを発掘することであり、そのために惜しむことなく資金を投じてきました。そして、必要な資金の拠出は、専務であり経理を担当する弟が処理してくれていました。

私が社長に就任して以来、取締役会を開いたことは一度もありませんでした。しかし、私が経理にノータッチであったことは大きな問題だったのです。

普通、経営者が経理部門を誰かに任せるといっても、月次の損益計算書くらいはチェックするでしょう。けれど私の場合は放任に過ぎました。月次どころか、年間の損益計算書、賃借対照表も見ていませんでした。

そして、ついにそのツケが回ってきたのです——。

「終わりは始まり」――失敗を恐れることなかれ

3ヶ月後、「林原」は会社更生法の申請を行うのですが、それまでの期間は、正に嵐の中の毎日で、色々なことが判明しました。

「林原」が融資を受けていた金融機関は28社ありました。そのうち、中心であったのは中国銀行と住友信託銀行。この2行で借入総額は約1400億円のうちの約750億円でした。この2行に対し、「林原」は何期にもわたり、それぞれ異なる決算書を提出していました。

「林原」は、実質的な債務超過状態が20年近くも続き、それをひた隠すために数字を粉飾していたのです。それが不正経理、粉飾決算として大きな批判を招くことになりました。

私は、会社更生手続きを担当する弁護士にふたつの条件を認めてくれるようにお願いしました。

ひとつは、個人資産をすべて提供するので、社員がそのまま会社に残って今まで通りの生活ができるようにしてほしいということ、もうひとつは、取引先ができるだけ損失を負わないようにしてほしいということでした。

会社更生法の適用申請から半年後に、外部調査委員会の調査報告書がまとまりました。報告書をもとに更生処理は進み、林原家の私財提供とスポンサーとなってくれた長瀬産業からの700億円などを加えて、最終的に弁済率は93％に達しました（ちなみに、会社更生法の適用を受けた企業の一般更生債権の弁済率はほとんどの場合10％を切るそうです）。

早期に現金化するために投げ売りに近い形で売却した不動産や美術館もあり（「林原」はメセナ活動にも積極的に取り組んでいました）、それを勘案すれば実質的には会社を手離さないで済む条件はあったのかも知れません。

しかし、今さらそんなことを言っても何にもなりませんし、多くの方々に多大なご迷惑と損害をおかけしたことは紛れもない事実です。今は、それをできるだけ少なく留められたことを多とするほかないと思っています。

終わりの後には始まりがあります――。

私の研究者としての、また、事業家としての生涯は完結していません。本当の意味での人生の収支尻《しゅうしじり》は未だついていないのです。そのために、終わりの後に改めて始めなければならないと私は思っています。

2010年に終わったのは「林原」の社長としての人生ですが、その間に蓄積した数多くの知識と知恵という〝財産〟が私にはあります。

今、私はもう一度新しい人生の入口に立とうと思っています。本書には、私の唯一の財産である「知識」と「知恵」を記していきます。

成功、失敗、破滅――多くの経験のなかで身につけてきたこの「知識」と「知恵」が、多くの人々に役立つのならばこれほどうれしいことはありません。

第一章

「オンリーワン」の〝モノ作り〟に「市場調査」はいらない

実業家時代——、私が目指していたのは、誰にも真似のできない〝オンリーワン〟のモノ作りでした。いかにして私たちが〝オンリーワン〟を生み出していったのか？「林原」の歴史を紐解きながら、その秘密をみなさんにお伝えしたいと思います。

「オンリーワン」の〝モノ作り〟を誓ったあの日

私の父・一郎は「林原商店」の3代目の社長として、ジャガイモのデンプンから蜜を取り、水あめを製造する事業に取り組んでいました。

父は事業を拡大させ、１９４６年には「カバヤ食品」を設立。１９５０年頃になると「林原商店」は日産６０００缶（1缶約25キロ）を生産する日本一の水あめ製造業者になっていました。

当時、「カバヤ食品」が売り出していた「カバヤキャラメル」は一時《いっとき》、森永ミルクキャラメルを抜く売上げを誇っていました。

しかし、私が19歳の時に父が急死。この頃の「林原商店」には１９５０年頃の勢いはまったくなく、倒産寸前の状態にあったのですが、私はその会社を継ぐことになってしまいました。

大学を卒業した私は、22歳で岡山に帰ってきました。父が亡くなった時期、「林原」だけで従業員は600名ほど、グループ全体だと3000人以上はいたと思います。

会社はそのときすでに赤字の状況でしたが、圧倒的な求心力を持っていた父が亡くなり、会社を去っていく従業員もたくさんいました。

社長として岡山に戻る前から、私は「会社を潰すなら自分の手で」と決意していました。「会社を生かすも殺すも私次第」――。右も左もわからない私にとって、その考えだけが唯一の拠り所だったのです。

初出社した日、私は役員を集めてこう言いました。

「この会社は私にしか潰せません。潰すのなら私の手で潰します。この先、会社がどういう方向に進んでいくかわかりませんが、私に協力したいと思う人だけ残ってくれればいいです。辞めたい人はどうぞ辞めてください」

そして、こう続けました。

「でも、やるからには真剣にやります。もし会社がダメになったとしても、そのときはきちんと責任を取るつもりです」

このとき、私は「どこにもない、オンリーワンの製品を作っていこう」と決心しました。

「有力素材」の開発秘話 〜最初の成功「マルトース」

父の後を継ぎ社長になったものの、私は家業の水あめやキャラメルには興味がまったくありませんでした。

第二章で詳述しますが、私が興味を持ったのは「デンプン」でした。私はデンプンの面白さに取り付かれ、糖化学の研究に没頭しました。また、並行して酵素や微生物をコントロールする技術を蓄積していきました。

研究の成果が最初に現れたのは、1968年のことです。私たちはまず、「マルトース」の開発に成功しました。

マルトースは「麦芽糖《ばくがとう》」とも呼ばれる水あめの主成分であり、今では点滴用輸液としても広く使われています。従来の点滴用輸液は安価なブドウ糖が使用されてきましたが、マルトースはブドウ糖の2倍の栄養分を有しており、点滴時間が半分に短縮できるため広く使われるようになりました。

また、マルトースは、インシュリンの分泌を促さないことから、糖尿病の患者さんたちにも安心して使っていただいています。

その後、1973年には「食べられるプラスチック」とも呼ばれる「プルラン」の開発に成功しました。

プルランは、接着性、被膜性に優れる糖で、医療用カプセルの原料としてこちらも広く使われるようになっています。

そして、私たちが〝夢の糖質〟と呼ばれる「トレハロース」の開発に成功したのは、1990年代のことでした。

「林原」の名を世界に知らしめた「トレハロース」

1994年、私たちはついにトレハロースの量産化に成功しました。トレハロースは甘味の質が上品で保湿性に優れ、業界では「夢の糖質」と呼ばれるほどに注目されていました。その量産化に成功したのですから当時は社会的にもとても話題になりましたし、現在でもお菓子や化粧品など1万種類を超える商品にトレハロースは使われています。

トレハロースは砂糖などと同種の天然糖質のひとつですが、なぜ「夢の糖質」と呼ばれていたのかというと、業界では「トレハロースはデンプンからは直接作ることができない」と言われていたからです。

また、トレハロースは生命を維持するための不思議な力を持っていることでも知られています。

カラカラに干からびた状態から、水分を与えただけで生き返る「クマムシ」という生物がいますが、クマムシが水分だけで蘇生するのは、細胞内に多量のトレハロースを持っているからだと考えられています。

みなさんが普段食している「干し椎茸」にもトレハロースが含まれています。干し椎茸はトレハロースがあるお陰で、水やお湯を加えると元の状態に戻れるわけです。トレハロースにはこのように不思議な力が秘められていますが、その後の研究によって、たんぱく質の変性防止やデンプンの老化防止などの働きを持っていることもわかりました。

この特性は様々な流通食品にも使われており、コンビニなどで売られているお餅やお米（おにぎりなど）にも、鮮度ややわらかさを保つために使用されています。そういった食材以外にも、トレハロースの持つ保湿性を利用した化粧品や入浴剤など、現在では幅広い用途で使われるようになっています。

私たちはトレハロースの量産化に成功したため、世界に知られる企業となりましたが、実は最初にトレハロースを作ったというわけではありません。それ以前から、酵母を培養し、デンプンから抽出する方法でトレハロースを作っている企業はありました。しかし、どの方法も効率的にトレハロースを抽出することができず価格が高価だったため、社会に広く普及することはなかったのです。

そんな状況のなか、私たちはどこよりも早く、トレハロースを安価に量産できる方法を見つけました（それまで1キロ3～5万円だった価格を100分の1の約350円にしました）。

こうして「夢の糖質」の量産化に成功した私たちでしたが、実は最初からトレハロースを目指していたわけではありません。「砂糖のような性質を持ちながら、甘さやカロリーが控えめの糖をデンプンから抽出できないか？」というのが、当時の私たちの研究のテーマでした。

「トレハロース」を量産化できたワケ

最初からトレハロースの量産化を目指していたわけではない私たちがどうやってトレハロースの量産化に行き着いたかをお話しする前に、デンプンから糖を抽出するシステムについて簡単にご説明します。

デンプンはブドウ糖が何千と並んでくっついた状態になることで形成されています。紐のように並んでくっついているのが全体の2割、あとの8割は木の枝のような格好をしています。

このデンプンの枝をすべて切って一直線にしたものがアミロースで、それをさらに細かく単体に切り離したものがブドウ糖です。

アミロースを単体に切り離すとブドウ糖になるのですが、2～3つ単位で切るとまた別の糖となります。例えば2つは「二糖」と呼ばれ、マルトースやトレハロースなどがこれにあたります。

私たちはデンプンの枝を切り、未知なる糖を生み出すべく研究を重ねていたわけですが、デンプンを切るために必要になるのが酵素で、この酵素をいかにうまく見つけるかが研究のカギを握っていました。

酵素を生み出す微生物は地中などに存在しており、それこそそこらじゅうから採取することができます。

私は人海戦術を取り、研究員だけではなく、全社員に対して「旅行や出張に出かけたら、その場所の土を持って帰ってきてください」とお願いしていました。

そうやって全国津々浦々の土を採取しつつ私たちは研究を進めていましたが、トレハロースを生み出す酵素は、なんと研究所のすぐそばの柿の木の根元から発見されました。

灯台下暗しとはまさにこのことです。まさかこんな身近に「夢の糖質」の元となる酵素があるとは!? 微生物はアルスロバクターと呼ばれる菌の一種で、この菌をデンプンに反応させてみたところ、トレハロースが作られていたのです。

「トレハロースの作成に成功した！」

そうは言っても、最初は研究者たちも半信半疑でした。当時、私たちの業界ではトレハロースはデンプンから作ることはできないという考え方が主流でした。

デンプンの結合は低エネルギー結合、トレハロースは高エネルギー結合。さらに低エネルギーのものから高エネルギーのものは作り出せないというのが当時の常識だったのです。

しかし実際には、トレハロースは低エネルギーでの結合だったため、私たちは幸運にもトレハロースを発見することができました。

その後、私たちは研究を進め、先述の通り1994年にトレハロースの量産化に成功。その翌年から正式に販売を始めました。


当時の「林原」では基礎研究を行いながら、そこから生まれた「〝副産物〟も見逃さないように」と研究者たちに教えていました。副産物も私たちにとっては大切な〝成果〟です。その時には「たいしたことはないな」と思うような成果だったとしても、それが後でとても重大な発見に繋がることを、私たちは長年の研究を通じて理解していました。

「副産物も決して見逃さない」

私たちのそんな研究姿勢が、新たな有力素材を次々と生み出す原動力となっていたのだと思います。

私たちに「市場調査」は必要なかった

私たちのような地方の中堅企業が、大企業にも匹敵するような大発見を次々に成し遂げられたのは、ひと言で言えば「小さな非上場企業だったから」と言えるでしょう。

「他にはない、オンリーワンの製品を作る」

これは私が社長に就任してからずっと抱き続けてきた思いであり、だからこそ私は来る日も来る日も「基礎研究」に明け暮れていました。

私たちが得意としていた「基礎研究」とは、ある程度の目的を方向性として掲げつつも、その時々の状況に臨機応変に対応して研究を進めていくもので、わかりやすく言えば「ゴールの定められていない研究」と言えます。

ちなみに「ゴールの定められた研究」は「応用研究」と呼ばれ、すでに存在する技術、技法などを応用して具体的な素材、製品を作ることを目的としています。

私たち研究班は、自分たちの知的好奇心の赴くままに研究を続けていました。そこには明確な目的もなければ、「いつまでに仕上げろ」という締め切りのようなものも存在しません。

「林原」の研究者たちはそんな自由な環境のなかでそれぞれが研究を進めていました。このようなある意味「研究者任せ」なやり方は、大企業ではちょっと難しいでしょう。私たちのような地方の中堅企業だったからこそ、こんな放任的なやり方ができたのだと思います。


そして、そんな自由な発想のもとで行う研究が私たちには合っていました。環境、人材、そして時の運。そういったものがうまく組み合わさったことで、私たちは重要な素材を次々と発見することができました。


また、当時の私たちの会社では、他の大企業がよく行っている「市場調査」などもまったく行いませんでした。

「今の20~30代の女性はこんな化粧品を欲しがっている」

「今の40~50代男性はこんな効能のある健康食品に興味を持っている」

大企業はそうやって市場の情報を収集しつつ、商品を研究、開発していきます。しかし、市場調査によって得られた情報の〝旬〟はほんの一瞬です。その時はよくても、2年もすればその情報は古くて使い物にならなくなります。

当時の私たちは、もっと長いスパンで市場のニーズを捉えようとしていました。今年だけ売れて来年は売れなくなるものではなく、何十年も売れ続けるものを私たちは作ろうと考えていました。ですから、私たちは市場調査をしなかったわけです。

私たちのような地方の中堅企業が、大企業と同じ土俵で戦ったとしても、とてもではありませんが勝ち目はありません。

「私たちには私たちにしかできないことがある」

そんな気概があったからこそ、私たちは大企業でも真似のできない、オンリーワンの製品を生み出せたのです。

「失敗」は「成功」への架け橋

トレハロースと並び、先述した「プルラン」も当時の私たちにとってはとても興奮する発見でした。

1973年、私たちはマルトースに続き、プルランの開発に成功しました。プルランは「食べられるフィルム、プラスチック」と呼ばれる素材で、発見から数年経って需要が急増。それまで年産250トン程度だったのを1000トン体制にしても生産が追いつかないほどでした。

プルランを世に発表した直後の反響はとても大きく、私は「この商品によって林原は大きな転換点を迎えた」と意気込んでいました。プルランを用いたカプセルは言うに及ばず、フィルムは石化製品より酸素を通さず、食品包装用にも最適でした。「プルランは絶対に世界中で売れる」と私は確信していました。

ところが、製造販売を開始してもカプセルの爆発的な売れ行きが長続きすることはなく、フィルムも製造コストが高いことなどもあり、一時、関心を示してくれていた大手化学メーカーとの提携事業もご破算になってしまいました。プルランを製造するために数十億円で工場を新設しましたが、私たちが思うほどにプルランは売れなかったのです。

このように、「林原」での研究開発には数知れぬ失敗や、失敗に終わりかけたケースがたくさんありました。

社会の歴史に刻まれるもの、あるいは人々の記憶に残るものは、目覚しい大発見や驚くような成功体験などになりがちです。

そして、多くの失敗は世の人々が目にすることもなく、社会から忘れ去られていく運命にあります。しかし、私たちが忘れてはいけないのは、「そんな幾多の失敗の上に成功はある」ということです。

世間的には「失敗」とされるようなことにも、その裏側には忘れてはならない教訓や次の一歩を踏み出すためのヒントがたくさん秘められています。それを次世代を担う若い人たちには、ぜひ知っておいていただきたいのです。

成功や失敗には、「運」や「偶然」といったものが常につきまとっています。私たちがマルトースやトレハロースを発見する過程で、短期間のうちに目的の酵素を見つけたことはある意味、奇跡に近い出来事と言えるでしょう。

プルランが発見されたのも「偶然の産物」でした。研究者がうっかりして試験管を洗わずに帰宅し、翌朝出社してみるとその試験管にフィルム状のものが発生していたのです。

プルランは先述したように、その後思うように販売を伸ばすことができませんでしたが、２０００年代に発生したＢＳＥ（牛海綿状脳症、狂牛病）問題もあり、薬や健康食品のカプセルを動物性ゼラチン質から植物性のプルランに代える動きが急ピッチで進んでいったことにより、再び脚光を浴びる存在となりました。

長期的な視点で捉えれば、私たちが行ったプルランの製造、販売は決して失敗ではなかったのです。

そう考えると、「運」や「偶然」の手助けがあったとはいえ、「諦めなければ研究に失敗はない」と言うことができるわけです。どんな発見や技術であっても、諦めずに続けていけばそれはやがてひとつの事業に結びついていくのです。

「運」や「偶然」を自分の思い通りに操ることは、どんな人にとっても至難の業《わざ》です。しかし、思い通りに操ることはできなくても、「運」や「偶然」の起こる確率を少しでも上げることはできるのではないでしょうか？　私はそのために「副産物を見逃すな」と常に研究者たちに発破をかけてきましたし、失敗を失敗で終わらせず、その裏側に秘められたものをできる限り拾い上げるようにしてきました。

「運」や「偶然」を味方につけるのは、普段の私たちの心がけ次第なのかもしれません。

「責任」を取るのがリーダーの仕事

「林原」の社長を務めていたとき、開発した商品が思うような売上げにならなかったとしても、私は研究者にその責任を負わせるようなことはしませんでした。

私は常々、研究部門の社員たちに「すべての責任は私が取ります。だから君たちは思う存分、研究に勤しんでください」と話していました。

開発の現場である研究部門に全責任を負わせるようなことをすれば、研究者たちは「なんとか、ヒット商品を生み出さないと……」とプレッシャーを感じ、考え方が萎縮してしまいます。

頭のなかには「これは売れるかも！」という斬新なアイデアがあったとしても、売れなければ自分が責任を取らされるとしたら、ついつい無難なアイデアを選択してしまうようにもなるでしょう。肝心の研究部門がそのような状態では、とてもではありませんが〝オンリーワン〟の製品など生み出すことはできません。

「社長である私が全責任を取るから、後のことは心配するな」

このような経営理念は、地方の中堅企業だからできたのかもしれません。でも、オンリーワンを生み出す企業であるためには、〝トップダウン〟の経営スタイルが必要であると同時に、「社員一人ひとりが自由に発想し、活動できる環境」を作ることが大切だと私は考えていました。

お陰で「林原」の研究者たちは自由な発想を持って研究に取り組んでくれましたし、オンリーワンの製品もたくさん生み出してくれました。

このように、独自のものを作っていくためには、リーダーはある程度〝ワンマン〟

であるべきだというのが私の持論です。

ただ、〝ワンマン〟と言っても、ブラック企業のワンマン社長のような「横暴な振る舞いで社員をこき使い、自分だけ儲けている」ようなタイプでは決して社員は付いてきてはくれません。

私の場合は、舵《かじ》を切る（研究や開発の方向性を決める）のはある程度私の独断で決めますが、それ以外はほとんど口を出すこともなく、すべて社員の自由、彼らの力に任せていました。

「林原」には堅苦しさはあまりなく、このような自由な環境があったからこそ、社員たちも自由闊達《かったつ》に意見交換を行い、オンリーワンの製品を生み出していってくれたのだと思います。

「見捨てられたもの」にチャンスを見出す

「林原」は非上場企業でしたが、なぜ上場しなかったのかといえば、これには私なりの理由があります。

研究には多額の資金が必要となりますから、資金を集めるためには上場したほうがいいに決まっています。

しかし、私は上場することによって得られるメリットよりも、デメリットのほうが大きいと考えていました。

私は世のため、人のために役立つ〝オンリーワン〟の製品を生み出すために「林原」の社長に就任しました（世のため、人のためという思いは、今も変わらず持ち続けています）。

つまり、私は「世の人たち」のために研究をしていたのですが、上場してしまったら「株主」を意識せざるを得ません。そうなると利益を上げられるかどうかわからない基礎研究を続けていくことができなくなってしまいます。

上場すれば、株主に利益を分配しなければなりませんから、長期的なビジョンよりも、短期的、かつ確実に利益が上がる経営が求められます。

しかしながら、確実に利益の上がるものだけを求めていたら、それこそ他でもやっていそうな無難な選択しかできなくなり、それでは私の追い求めている〝オンリーワン〟の製品が生み出せなくなってしまいます。

私はみんなが注目しているものより、世間から見捨てられてしまったもの、あるいは見逃されがちなものにこそ私の追い求めているものがあると確信していましたから、それとは正反対の〝上場〟などまったくする気がありませんでした。

「林原」ではライフワークともいえる糖質の研究のみならず、ハムスターを使った冬眠の研究やヒト細胞の研究、さらには類人猿や化石に関する研究なども行っていました。

大企業であれば見向きもしないような研究が「林原」では実際に行われていましたし、実際にそんな見逃されがちな、マイナーな研究から私たちは利潤を生み出していたのです。

当時、「林原」ではこんな研究も行っていました。

世間ではデジタルカメラが全盛で、アナログカメラはすっかり時代遅れの存在でしたが、私はそこに目を付け、次世代型に進化させたフィルムや印画紙を作ろうと考えました。

今、世の中の主流となっているデジタルデータは便利なものですが、〝保存〟という面では不安要素をいくつも抱えており、強力な磁場にさらされたりすればデータは一瞬にして壊れてしまいます。

その点、フィルムや印画紙は磁場の影響を受けることはありませんし、既存のものよりもさらに保存性を進化したものを作れば、デジタル全盛の時代とはいえ、アナログ写真には一定のニーズがありますから、その市場で利潤を上げることは十分に可能だと思いました。

時代に取り残されているものには誰も見向きもしませんから、そこには当然のことながら競争なども存在しません。ということは、フットワークよく、ニッチ（隙間）な部分を攻め続けていけば誰でも〝オンリーワン〟になれる可能性があるのです。

結局、その研究の成果が出る前に私は「林原」を去ることになったため、進化したフィルムが日の目を見ることはありませんでした。しかし、あの頃の「林原」のフィルム研究部門は「アナログフィルム研究の世界の最先端」だと業界から評価されていましたから、あのましっかりと研究を続けていれば、今頃、世界のアナログフィルムに革命を起こしていたかもしれません。

第二章

世界に通用する、日本人の「独創心」

〝オリジナリティ〟を生み出す根源となるもの、それが「独創心」です。

しかしそれは、決して私ひとりで創り上げてきたものではありません。人生で巡りあった人たちとの出会いのなかで、私は色々な影響を受け、己の「独創心」を築いていったのです。

腕白だった少年時代、空手と出会った高校時代

私が「日本人として世界の中でどうあるべきか」を考えるようになったのは社会人となってからですが、その考え方の礎《いしずえ》でもある「男として、人としてどうあるべきか」「社会のなかでどう生きていくか」を考えるようになったのは、思春期から高校時代にかけての生き方が大きく関係しています。

先代である父は、その手腕によって会社をどんどんと大きくしていきました。そのお陰で、私は子供の頃からかなり恵まれた環境で育ちました。

しかし、だからといって私が俗に言う「金持ちのお坊ちゃん」タイプの人間だった

かというとそんなことはまったくなく、その正反対。「林原家の息子」という目で周りから見られていることが私にはとても苦痛で、父に反発することもしばしばでした。

そんな腕白な思春期を過ごし、私が慶應高校に入学したのは1957年のこと。大東亜戦争が終わってからまだ10年ほどしか経っておらず、社会全体も戦後の混乱からは完全に脱しきれてはいませんでした。

岡山から上京し、入学直後は「林原」の東京支店に間借りして通学をしていましたが、その後、横浜の親戚宅から日吉の校舎に通うようになりました。

高校に入学し、「運動系の部活をやる」と心に決めていた私は、まず柔道部に入部しました。私の父が剣道家だったため、私は柔道を追及し、「父に負けない強さ」を獲得したいと思ったのです。

しかし、柔道部には私より体が大きく、屈強そうな生徒ばかりが集まっており、ちょっとがんばったくらいでは、とてもではありませんが対外試合などに出られそうにありません。また、当時の柔道部は道着を滅多に洗わないので、とにかく道場内の匂いが強烈でした。

いくらやっても勝てないし、何より臭い……。いやいやスポーツに取り組んでも、上達することはありません。私の柔道への思いは、日に日にしぼんでいく一方でした。そんなある日、私の目に柔道場の隣にある道場で、奇妙な踊りのようなフリをしている小さな老人の姿が映りました。

実はこれが「空手の型」だったのですが、当時の日本ではまだ空手はポピュラーな存在ではありませんでした。そして、道場で「奇妙な踊り」をしていた老人こそ、沖縄から本土に〝唐手《からて》〟を伝えた船越義珍《ふなこしぎちん》先生だったのです。

老人の動きを見て「これなら俺にもできそうだ」と感じた私は柔道部を退部し、空手部に入部しました。

ところが、この空手部が想像を絶する厳しいところでした。毎日の練習はそのほとんどが単純な基本の繰り返しと体力強化メニューです。しかもこの体力強化メニューが本当にきついものでした。

例えば、足腰を鍛えるための「騎馬立ち」（馬に乗るような姿勢をずっと保つ）という練習があったのですが、これを1時間続けたり、時には肩の上に人を乗せて騎馬立ちのまま歩いたり、冬には「100キロ行軍」という恒例のメニューがあり、三田から小田原までを歩かされたり（実際の距離は120キロほど）しました。100キロ行軍では小田原に着いた時には足の裏の皮が全部むけている状態でした。

当時の空手部はこのようなわけのわからない厳しい練習ばかりでしたが、私にとって空手部はなぜかとても居心地がよかったので辞めようとは一度も思いませんでした。まさに血反吐《ちへど》を吐くような練習が毎日続いていたのに、なぜ私が一度も辞めようと思わなかったのか。それは、部内の上下関係がとても良好だったからです。

練習中は当然のことながら、先輩、後輩の厳しい上下関係があるのですが、練習が終われば上級生たちは下級生にとても優しく接してくれました。部活が終わってからの飲み食いもすべて上級生のおごりです。私は部内の雰囲気のよさを感じながら、「空手」そのものの魅力にも引き込まれていきました（高校の3年間のみならず、大学、その後の社会人となってからも私は空手を続けました）。

練習は本当にきついものでしたから、今も単純にあの頃を「よかった」と懐かしむような気持ちはありません。

でも、死にもの狂いになれば「ここまではできる」という自分の限界のようなものを知ることができましたし、社会に存在する「不合理なこと」にも平気で耐えられる免疫も付きました。

慶應義塾創始者であられる福澤諭吉先生が説かれた「まず獣身をなして後に人心を養う」の意味を、空手を通じて私は理解できたような気がします。

友人の父親が児玉誉士夫!?

空手部や柔道部、相撲部の道場はキャンパスの一角、すり鉢状になった通称〝マムシ谷〟と呼ばれる場所にありました。

このマムシ谷には「頭より体で勝負」のいわゆる〝体育会系〟の、しかもガラの悪い生徒ばかりが集まっており、まさにマムシ谷という名にふさわしい〝ふきだまり〟

でした。

「慶應高校なのにガラの悪い生徒？」と思われる方もいらっしゃるかもしれませんが、当時の慶應高校は、いわゆる「お坊ちゃん」タイプの人間は少数派で、実にバラエティに富んだ生徒たちが集まっていました。

親が大富豪という生徒は当たり前、大物政治家の息子もいれば右翼の重鎮と呼ばれるような人物の息子もいたり、すっかり不良化したチンピラのような生徒もたくさんおり、私の周囲にいた連中も一癖も二癖もあるような生徒ばかりでした。

でも校内のこの空気が私にはとても合っていました。岡山から上京して最初は不安だらけの毎日でしたが、空手部に入部したことで私の高校生活は一変しました。

部活と遊びに忙しい毎日で、勉強をしたと言えるのは入学した当初の一時期だけ。部活が終わった後は友人と連れ立って仁侠《にんきょう》映画を見に行ったり、時にはキャバレーに行ってみたり。戦後の混沌とした時代だったからこそ、そんな現代では考えられないようなことができたのだと思います。

岡山の実家から生活費は送られてきていましたが、映画やキャバレーなどで遊びまわっていれば当然、仕送りだけでやっていくことはできません。

そこで私は休み期間に岡山に帰省するたびに、父が個人的に収集していた骨董品《こっとうひん》をいくつか失敬し、東京に持って帰っていました。そして、遊ぶ金が足りなくなると、その骨董品を質屋に入れては、小遣いを捻出していたのです。

ところがあるとき、いつものように骨董品を質屋に持っていったところ、店主が慌てた様子で奥の部屋へと消えていきました。奥の部屋から漏れてくる店主の声に耳をそばだてて聴いていると、どうやらその骨董品はとてつもなく高価なものらしく、怪しいと感じた店主が警察に通報しているところでした。私は店主が部屋から出てくる前に骨董品を抱え、慌てて店から逃げ出しました。


今の時代では考えられない、そんな自由奔放な毎日を過ごしていた私でしたが、仲のよい友人のひとりが、あの児玉誉士夫《こだまよしお》氏の息子でした。

児玉氏は「最後のフィクサー」と呼ばれる、昭和を代表する大物です。しかし、当時の私はそんなことも知らずにその友人を訪ね、よく児玉氏宅に出入りしていました。児玉氏の家はもちろん大邸宅で、用心棒のような屈強な体をした大男が何人もいましたから「ちょっと変わった家だな」とは感じていました。

ある日、児玉氏宅に行くと友人は出かけていて、家にはお父さんがひとり。児玉氏は釣りから帰ってきたところのようで、魚を捌《さば》き、鍋料理の準備をしているところでした。

友人がいないので私が帰ろうかどうか逡巡《しゅんじゅん》していると、児玉氏が「お前も食っていけ」と言います。「友人がいないのにな……」と多少ためらいつつも、私はせっかくのその申し出をお受けすることにしました。

児玉氏は多趣味な方で、料理もとても上手だと友人から聞いていましたが、その鍋料理も確かに絶品でした。当時の私は育ち盛りの高校生、しかも空腹だったこともあって、その鍋料理をほとんどひとりで平らげてしまいました。

すると、児玉氏はそんな私の豪快さを大そう気に入ってくださり、以来、私は友人宅にお伺いするたびに随分と児玉氏にもかわいがっていただきました。

大人物から教わった大切なこと

児玉氏宅を訪ねたある日のことです。児玉氏から「この本を読んでみなさい」と林房雄さんの著作『大東亜戦争肯定論』を手渡されました。

戦後の混乱期、知識人と呼ばれる層のなかで「右」から「左」に変わっていった人はたくさんいましたが、その逆のパターンはあまりありませんでした。しかし、この著者の林さんはそんな数少ない逆パターンのなかのおひとりでした。

著作に感銘を受けた私は、児玉氏の紹介で鎌倉にある林さんのご自宅を訪ねたこともあります。そのとき、林さんは終始にこやかに、高校生である私に対応してくださいました。

戦中生まれである私の世代は、戦後すぐの「神国日本」から「民主日本」への劇的な体制的変化は物心のつく前の出来事なのでまったく記憶にありません。

小学校に上がり、記憶しているのは、給食を残すと先生に「マッカーサー元帥のくださったものを何で残すのか！」とこっぴどく叱られたことです。

岡山でも町の中心部には進駐軍がいました。進駐軍に接する時の大人たちの遜《へりくだ》った姿や子供たちが進駐軍にモノをねだるところを幾度も見て、私は子供心に「戦争に負けるということはこういうことなのだ」と敗戦国の悲哀を感じていました。

そんなとき、私は児玉氏からの勧めで林さんの著作に出会いました。林さんから私が学んだのは、「人間の自立」と「国の自立」の大切さです。

林さんは戦争によって負った傷をいかに克服し、そこからどのように自立していけばよいか、そしてその重要性を個人の自立から国の自立、そしてアジア圏の自立へと視点を拡大させながら私たちに説いてくださいました。

林さん、児玉氏ともに、世間からいろんな評価をされていることを私ももちろんよく知っています。

しかし、私は幸いにもお二人と直《じか》に接し、本や新聞、あるいはテレビといったものからだけでは決して感じることのできない、その人間性に触れることができました。お二人とも実に温かい、人間味にあふれた、心から尊敬のできる偉人でした。

当時、お二人から直接的に思想的なことを教え込まれるようなことは一度たりともありませんでした。それよりも、他愛もない日常の会話を通じて触れ合いながら、おぼろげながらも「日本人として、世界の中でどうあるべきか」を教わったような気がします。

岡山から上京し、慶應高校で学んだ3年間は何もかもが新鮮で、私にとって強烈な体験となりました。林原健という人間の基本骨格はこの3年間ででき上がったといっても過言ではありません。

父の急死と思いもよらぬ社長就任

高校を卒業し、そのままエスカレーター式に慶應大学へ進みましたが、入試の成績は一番下のレベルでした。

大学に進学してからも私の生活の中心は「空手」でした。ところが進学して1年が経った大学2年の春、父がガンで急死したことにより、私は若干19歳にして「林原」

の社長に就任することになってしまいました。

社長に就任したとはいえ、私はまだ大学生です。慶應大学を中退するわけにもいかず、とりあえず卒業するまでの間は会社の重役に社長代理をお願いすることになりました。

以後、卒業までの3年、本来であれば社長に就任するための帝王学や経営学を学ばなければならなかったのでしょうが、私は「林原」の仕事にも経営にもあまり興味が持てず、大学生活はそれまで同様、空手中心のままでした。

1964年、大学を卒業した私は岡山に戻り、正式に「林原」の社長に就任しました。

社長となり、それまで好きなことだけやって生きてきた私の生活は一変しました。私の耳に入ってくるのは、それまでの大学生活とはまったくの別世界の話ばかりでした。

業界のしがらみや噂話はどれも生臭いどろどろした話ばかりで「いったい、自分はどうしたらいいのか？」と途方にくれるばかり。とりあえず社長に就任して1～2年はトレーニング期間ということで、当時開発部長を務めておられた結縁鍬吉《ゆうえんしょうきち》さんという方が私の教育係に就いてくれました。

朝8時に出社し、各部署からの報告をひと通り聞き、提出された書類に確認の判を押すのが一日の始まりの恒例となりました。

当時は日本政府が原料糖の輸入自由化を決定したことによって糖の価格が下落し、砂糖業界も大打撃を受けていました。かつては数百社あった同業者たちも、次々と廃業の憂き目に遭っていたのです。

「林原」の社長として、クリアしなければならない問題は山積していました。しかし如何せん、右も左もわからない状況です。教育係の結縁さんに教えを請いながら、仕事をひとつずつ覚えていくしか方法はありませんでした。

帰宅してからも、自分なりに勉強を始めました。「林原」の研究部門の基本である生物、化学、物理を一から独学することにしました。

研究の道に誘ってくれたデンプン先生

私が社長になった当時の「林原」は業界全体が不況だったこともあって、毎年赤字続きでした。

しかし、父の時代に取得した不動産がかなりあったため、多少の赤字が続いたくらいで会社が経営危機に陥るようなことはあり得ず、真っ暗闇を手探り状態で進んでいる自分にとってはその〝後ろ盾〟だけが唯一の救いでした。

教育係である結縁さんの勧めで、「林原」の事業、研究とリンクするような分野の専門家や大学教授のところにも積極的に出かけていきました。

私が主に訪ねて回ったのは「農芸化学」と言われた分野の専門家たちで、デンプン研究についての指導を仰ぐため、大阪大学の二国《にくに》二郎《じろう》先生にも会いに行きました。

結果として、この出会いがその後の私、そして「林原」の研究に大きな影響を与えることになったのですが、当時の二国先生は世界で三本の指に入ると言われるほどのデンプン研究の大家でした。

そんな方に私のような素人がお会いできたのには理由があります。実は、私の教育係だった結縁さんが学生時代からのつながりで、二国先生の愛弟子《まなでし》的な存在だったのです。

私は独学したことから生まれた疑問、会社が抱える研究開発の問題などに関する質問を先生に次々にぶつけていきました。

私のような、今まで何もしてこなかった人間が適当に「農芸化学」の商売をしてもうまくいくはずがありません。

やるならその分野の学問をとことん学び、そこから「誰もやったことのない道」を見つけていくしか生きる道がないわけです。

そんなことから、私は二国先生に「誰もやったことのない研究をしたいんです。どうしたらうまくいくのでしょうか」と伺ってみました。

すると二国先生は自分が書いた『デンプンハンドブック』（朝倉書店）という本を私にくださいました。その本にはデンプンの化学構造式から何から何まで、デンプンに関するすべてが記されていました。

「ハンドブック」とは名ばかりで、その本はとても分厚いものでした。二国先生が「とりあえずこれを読めば、何か見えてくるかもしれませんよ」と言ってくださったのですが、この本を読んだことで自分が次に何をすべきかが見えてきたような気がしました。そしてその「次の一歩」こそが、のちに「マルトース」や「トレハロース」などを生み出す重要な研究となったのです。

そうやって様々な分野の先生たちに会い、家では学術書を貪《むさぼ》り読む毎日を過ごしていましたが、「林原の社長」という肩書きもあり、岡山では気楽に飲みに行くこともできませんでした。

仕事によるストレスはたまる一方です。「これではいかん」と思い、私はストレスを発散させるために毎日10キロ程度のランニングをするようになりました。

また、大学時代の空手の師匠だった小幡功先生が岡山で道場を開かれることになり、改めて空手も始めるようになったのですが、これが私にとっての一番のストレス発散になったのは言うまでもありません。

日中は会社で研究、夜は家で独学、さらに夜中に道場に通い、小幡先生に教えを請い、練習後はどんなに遅くとも必ず座禅を組みました。

寝る暇もなく働いても先が見通せず、確かに辛い時期でした。でも、私は「辛い」「苦しい」と悲壮感を漂わせながら過ごしていたわけではありません。

私は「林原」の社長となったときから、「ダメで元々」の〝ダメ元〟精神で生きていました。「どうせ人間は一度は死ぬのだから、とにかく前を向いて死ねればいい」と。「後ろを振り返って心配をする暇があったら、前に進め。それで死んだら仕方がないではないか」。未知の世界を恐れることなく、自分の信じた道を突き進む。当時の私にできることはそれだけでしたから、私はとにかく、自分の道を邁進することにすべてをかけていました。

「転機」は自ら動くことでやって来る

二国先生のもとを訪ねた際、先生は素人の私にもよくわかるように「デンプンから新しい糖を作り出す方法」を教えてくれました。

先生はひと通り説明し終えると「デンプンから糖を生み出すために必要な〝酵素〟を探すことから始めてみてはどうですか」と仰り、酵素の専門家であられる大阪大学の原田篤也先生を紹介してくれました。

私はすぐさま原田先生にお会いし、その後、「林原」の研究者のひとりを原田先生の研究室に派遣し、そのノウハウを学ばせました。

二国先生と原田先生。このお二人との出会いなくして、「林原」の研究、開発の成功はなかったと断言できます。

もちろん、その他にもたくさんの専門家、先生方にお会いし、貴重な意見や重要な知識を頂戴いたしました。

私が考えていた「他にはないオリジナリティ」は、何もないところから生まれるものでは決してありません。何もない場所から木は生えてこないように、まずは土を耕し、植えつけるべき種を蒔《ま》かなければ木は生えてこないのです。

オリジナリティを追求していくためには、まずはその分野の先駆者である専門家の話を伺い、そこに自分の考え方を加味していくことが何よりも大切です。

最初は「林原」の仕事に何の興味もなかった私ですが、多くの専門家の方々と会い、話をしていくうちに、デンプンや糖の世界の魅力に引き込まれていきました。

研究、開発の面白さを知った私はいつしか「他にはないものがきっと生み出せるはずだ」と確信するまでにいたっていました。

チャンスは、じっと待っているだけでは決して自分のもとに来てくれはしません。「これだ」と決めたらその分野を広い視野を持って開拓していく。そうすることでチャンスはやって来てくれるのです。

「好奇心」――我が師・井深大の言葉

ソニーの井深大さんが私に「モノ作り企業としての心構え」を説いてくださったのは序章でお話した通りですが、井深さんは当時、ソニーという世界的企業の社長だったのにもかかわらず、実に謙虚な姿勢を保っておられる方でした。

井深さんと初めてお会いしたテレビ工場でも、井深さんは作業着で私たちを出迎えてくれました。

大企業のトップにありながらもなお、井深さんは〝現場〟の人であり続けていました。常に現場と経営を両立させていました。社長であると同時に、研究者・技術者でもあったのです。

私は、井深さんからいただいた言葉の一つひとつについて、岡山に戻ってからもその意味を考え続けました。

「不必要に頭を下げてはいけません」

前述の通り、この言葉はとくに私の心に深く突き刺さりました。不況が業界を襲い、「林原」も苦境に立たされていましたが、私は卑屈な商売、迎合した付き合いはしたくありませんでした。

オンリーワンの製品を作り、国内外のどの企業とも違った独自の経営を目指していた私にとって、すでに世界屈指の大企業となっていたソニーの社長である井深さんとの出会いは、私の方向性を定める大きな力になりました。

初めてお会いして以来、井深さんとは親しくお付き合いさせていただくようになり、私はお会いするたびに会社経営などに関する様々な質問を井深さんにぶつけました。

一度、「基礎研究に一番大切なものは何でしょうか?」と伺ったことがあります。そのときの井深さんの返答はただひと言、「好奇心」だけでした。

井深さんという人間をひと言で表せといったらまさにこの「好奇心」が一番ふさわしいと思います。井深さんはいつも「好奇心の塊《かたまり》」でした。

自分の仕事以外にも趣味をいくつもお持ちでした。なかでも凝っておられたのが小型カメラの蒐集《しゅうしゅう》です。

何事にも凝る性質の井深さんですから、集めていらっしゃるカメラも世界的に希少なものばかりで、『007』などのスパイ映画に出てきそうな小型カメラもたくさんお持ちでした。

私もそうでしたが、経営者は個人的に関心のあるテーマがあっても、それが自分の会社の利益になるかどうかを真っ先に考えてしまうものです。

しかし、井深さんは自分の心にとても素直に、好奇心の赴《おもむ》くままに生きていらっしゃいました。

ソニーの代名詞ともいえる「ウォークマン」の開発にも、井深さんらしいエピソードがあります。

そもそも、「ウォークマン」を開発することになったきっかけは井深さんが「小さな、持ち運びのできる再生テープレコーダーがあったら面白い」と思ったからだそうです。

当初から周囲の人たちは「そんなの作っても売れない」と井深さんの案に批判的だったそうです。

しかし、会長だった盛田昭夫氏とともに周囲を説得し、短期間で開発に成功。そして販売してみると、「ウォークマン」は瞬く間に世界的な大ヒット商品となりました。

プライベートでお会いする普段の井深さんは、がき大将がそのまま大人になったような、やんちゃで楽しい方でした。

私と同じく、井深さんも大の甘党で、しかも味にうるさい。井深さんお気に入りの店で葛切《くずき》りをごちそうになったことがあるのですが、その日のできがいつもより悪かったようで、井深さんは店主に「いつもよりおいしくない」と言って葛切りを作り直させ、その日は都合三杯の葛切りを食べておられました。しかし井深さんはそれでも不満だったのか、自宅に帰ってから山盛りのまんじゅうをまた食べていましたから本当に甘いものがお好きだったようです。

このように、井深さんのご自宅にもよく伺いましたし、岡山にある「林原」の研究所にもいらっしゃっていただきました。

私のなかにある〝独創心〟は、井深さんという偉大な経営者にお会いしたことでさらに磨かれたような気がします。

若さゆえの思い切った方針転換

大学を卒業し、社長になったばかりの頃、私は「林原」の事業の全容を知り、その多角経営ぶりに愕然《がくぜん》としました。

「なぜ、父はこんなにも手を広げたのか」。それを問うても時すでに遅し。父はもうこの世におりませんし、会社は営業を続けているわけですから、私たちも前に進むしかありません。

当時は原料糖の自由化などにより糖の価格が下落し、デンプン糖業界にとっても、「林原」にとってもとても辛い状況でした。

父は多角経営をしていましたが、その時の「林原」は本業であるデンプン加工業だけで手一杯。私は抜本的に経営を見直さなければならないと考え、正式の社長就任から2年が経過した1966年の夏、「林原」の全社員を前にこれからの経営方針を説明しました。

「私たちはデンプン加工業から脱皮して、デンプン化学を創造する道を進むことにします」

本業以外の事業は縮小し、本業においても微生物、酵素の研究開発を軸としてデンプン化学、そして新しい糖化製品を創造していこうというのが、私の考えた新たな道筋でした。

デンプン化学業へ方針転換することは私自身で思いついたことであり、他の誰に、何を言われてもその考えを変えようとは思いませんでした。

周囲の顔色を伺っていたら、独創的な方針転換などできるわけもありません。自分がやって失敗したら、その時は社長として責任を取ればいい。やって失敗するより、やらなくて失敗したほうが後悔が残る――当時お付き合いのあった井深さんの影響もかなりありましたが、私が企業のトップとして地に足のついた経営ができるようになったのはこの頃からだと思います。

父も晩年は研究開発に力を入れなくては業界のなかで生き残れないと思っていたようで、亡くなる直前に新たな研究者を何十人も中途採用で入社させていました。

それまでの業界は、原料の確保や価格など、原料とそれを左右する政策のあり方ばかりに気を取られ、製造業なのに製品ではなく、原料や政治の動きばかりに目を向けていました。

そのようなやり方では消費者のためを考えた製品作りなどできるわけもなく、そんな旧態依然としたやり方からは一刻も早く脱しないといけません。

当時のデンプン糖業界は大国・アメリカが世界の先端を行っている状況でした。私は、企業規模が小さくとも、アメリカにはない視点と新技術を用いれば世界とも対等に渡り合っていけると考えたのです。

会社も、社員たちも、混迷のなかにありましたから、私が指し示した指針に十分納得している人もいない代わりに、あえて反対してくるような人もいませんでした。

会社の経営状態がよくないことは社員全員が知っていました。そこで社長である私が「新たな方向に舵を切る」と宣言したわけですから、「なんでこんな時に世界と勝負しないといけないのか？」「新たな研究が利益に結びつくのか？」と社員たちも動揺しているようでした。

方針を発表する際、私は社員たちに正直言いました。

「新たな道に一歩を踏み出しますが、会社が残るかどうかは私にもわかりません。もし、ここよりも少しでも良い行き先があれば、そちらに行っていただいて結構です」

社内には研究者が40人近くいましたが、結局残ってくれたのは10人ほどでした。でも、正直なところ私は10人も残ってくれるとは思っていなかったので「10人も残ってくれた」と感謝すると同時に、「この社員たちとなら、険しい山もきっと乗り越えていける」と確信めいたものを感じていました。彼らこそ、まさに私にとっての一縷《いちる》の望みでした。

私自身、一生でこの時期ほど働いたことはないというくらい、昼も夜も、平日も休日もなく働きました。しかし、この時期に他の人の一生分くらいの経験をし、知見を広めることができました。

今、私も76歳を過ぎ、昔を懐かしく思い出すことが多くなりましたが、この時期の自分に戻りたいとはまったく思いません。でも、この方針転換がその後の様々な新発見に繋がったのは間違いありません。

飛躍のきっかけ ～新たな「酵素」の発見

デンプンの研究開発の目的を端的に説明すると「デンプンを100％アミロースに

し、酵素を使って目的の大きさに分解すること」となります。

デンプンはブドウ糖が連なって形成されており、単純に真っすぐな状態ではなく、木々の枝のようにいくつもに枝分かれしています。

アミロースを作るには、まず余分な枝を切ってデンプンを一直線にします。これを単体にするとブドウ糖となり、そのブドウ糖の数を2つ、3つと結合させて新たな糖を作っていくわけです。

そこでもっとも重要になってくるのが、デンプンの枝を効率よく切ったり、付けたりしてくれる〝酵素〟の発見です。

先述した大阪大学の原田篤也先生の指導のもと、枝を切るための「酵素捜し」が始まりました。

酵素を生み出す微生物（菌類）は地中にいます。つまり、酵素を見つけるためには、いろんな土地の土を採取し、そこから微生物を見つけ、酵素を取り出す作業を続けていかなければなりません。ゴールの見えない、気の遠くなるような地道な作業です。

しかし、第一章でお話ししたように、幸いなことに酵素探しに着手してわずか2ヶ月ほどでお目当ての酵素が見つかりました。それも岡山から遠い、辺鄙《へんぴ》な場所の土から見つかったというわけではなく、研究室の庭先に植えられていた木の根元の土から見つかったのです。本当に私たちはついていました。

土から見つかった微生物はシュードモナス菌と呼ばれる菌で、ここから取り出した酵素をイソアミラーゼといいます。

この菌が生み出す酵素は、デンプンの枝を切ってきれいな一直線のアミロースにしてくれました。酵素には耐熱性もあったため、工場でもほぼそのまま使えたのもラッキーでした。

その後、シュードモナス菌を求めて同じ場所の土を何度か採取しましたが、二度とこの菌は見つかりませんでした。それ以降も、私たちは世界中の土から菌を集め続けたものの、効率よく枝を切ってくれる酵素としてはシュードモナス菌以上のものは見つかりませんでした。この菌に出会ったことも私たちにとっては幸運以外の何ものでもなく、まさに運命的な出会いだったように思います。

地方企業がアメリカの先端企業に勝利！

酵素の発見によって私たちが手に入れた「アミロース」は、そのままでは糖として使えませんが、それをさらに分割していくことで新たな糖になります。つまり、新たな糖の基本となる大切な素材、それがアミロースでした。

当時、他の方法でアミロースを作ろうとしていた企業はいくつもあり、その際たる存在がアメリカの「コーンプロダクツ」という企業でした。

彼らもデンプンから高純度のアミロースを得るべく、10数年間も研究を続け、ものすごい費用と人員を注ぎ込んでいました。

純度100％のアミロースができれば、糖がフィルム状になり、「食べられるフィルム」ができると理論的にはわかっていました。もし100％アミロースを作ることができれば、食品包装などを含め、大きな需要が見込まれます。それだけに世界のデンプン糖企業はそれこそ血眼《ちまなこ》になって100％のアミロースを作ろうと必死になっていたのです。

「コーンプロダクツ」は100%のアミロースを作るために、「トウモロコシの品種改良」という方法で研究に取り組んでいました。

これは、いかにも農業大国のアメリカらしい発想といえました。彼らはアミロース100%のトウモロコシを作ろうとしていたのです。しかし、彼らの研究は失敗に終わりました。トウモロコシには通常30%程度のアミロースしか含まれていないのですが、10年がかりの研究でもその純度は80%程度までにしか高められなかったのです。

私たちの研究成果がアメリカ本土にも伝わると、アメリカのデンプン研究はすっかり勢いを失い、「コーンプロダクツ」の研究所もそれからしばらくして閉鎖されてしまいました。

この成功は、沈みこんでいた「林原」の社員たちを大いに勇気づけ、励ましてくれました。社内は「アメリカに勝った！」と大いに沸きかえりました。

私たちが喜んだのは先駆者であったアメリカに勝ったのはもちろんですが、「彼らとは違う生産方法（酵素によって加工する）で開発を成し遂げた」という思いもありました。

偶然や運にとても恵まれた発見でしたが、私たちはわずかな期間で「デンプン糖業界の先端」に立つことになりました。

それ以降、「林原」は「酵素・微生物」の研究が会社を発展させる根源的な力となっていきました。

日本には酒や味噌など、その土地ごとに異なる風土に育まれた酵素、発酵の世界があります。

長い歴史のなかで蓄積されてきた多くの技は、世界に誇れる「知恵の結晶」と言ってもいいでしょう。

だからこそ、この「酵素の可能性の火」を消してはいけないと、会社を手放した今も思い続けています。

第三章

海外企業に負けない「経営力」とは?

世界経済の牽引役だった日本企業も、今や中国をはじめとする経済成長著しい国々の後塵《こうじん》を拝するようになってしまいました。

モノ作り大国・日本を復活させるために、日本企業は海外の企業とどう渡り合っていけばいいのか？　私なりの考えを述べさせていただきます。

蒔いた種が実をつけ始めた70年代 ～開発の成果が徐々に

1968年、私たちは発見した酵素であるイソアミラーゼとさらに新しく見つけた別の酵素を組み合わせ、「マルトース」という高純度の麦芽糖（ブドウ糖が2つ結合した二糖類の一種）を作りました。

このマルトースこそ、会社を立ち直らせ、急成長させる主力製品となるのですが、その当時はどんな用途があるのか、そして製品として売れるかどうかはまったくの未知数でした。

甘さは糖の3分の1程度。そんなことから社内でも「甘くない糖が売れるわけがない」という声が圧倒的でした。

そこで私たちはマルトースの用途を食品に限らず、医薬の分野にも使えないか検討を始めました。そして、マルトースの純度を高めれば、点滴のための輸液になる可能性があることがわかったのです。

当時の輸液にはブドウ糖が使われていましたが、マルトースにはブドウ糖の2倍の栄養がありました。つまり、マルトースの輸液を使えば、点滴の時間を半減させることができ、これは患者さんの肉体的負担を軽減させることにも繋がります。さらにマルトースはインシュリンの分泌を促さないため、糖尿病の患者さんにも使用できるという大きなメリットがありました。

私たちは早速、大手の製薬会社に声をかけましたが、当初は思いのほかどこも乗ってきてはくれません。安価なブドウ糖輸液が医療界では定着していたため、私たちが新たな開発した輸液は「高価になりそうだ」と敬遠されてしまったのです。

私たちは諦めずに研究を続けていると、輸液の大手だった大塚製薬が「一緒にやってみたい」と言ってきてくれました。

1969年頃から大塚製薬と共同研究を始め、1974年に約30億円をかけたマルトースを本格的に生産するための工場が完成しました。そして、我々は純度99%のマルトースを供給できるようになり、大塚製薬はマルトースを用いた輸液の販売を始めました。

するとこの輸液が私たちの想像を超える大ヒット商品となり、ブドウ糖輸液が主だったそれまでの輸液市場を、マルトース輸液が席巻してしまいました。

マルトースが縁で、大塚製薬の創業者的存在である大塚正士さんと親しくなり、大塚さんからも大切な言葉をたくさんいただきました。

なかでもよく覚えているのは「約束だけは守れ。できない約束はするな。もう、これだけだ。これさえ守れば何とかやっていける」と言われたことです。仕事だけでなく、飲み屋でも家でも、すべての約束を守る。これは簡単そうで、なかなか難しい提言でもあります。義理人情に厚い大塚さんらしいお言葉で、私が今でも大切にしている言葉でもあります。

「研究部門」を強化し、さらなる〝独自発見〟を目指す

マルトース輸液の成功によって、「林原」の累積赤字（ピーク時で40億円はあったと記憶しています）は急速に減り、その後4～5年で赤字経営からも脱することができました。

イソアミラーゼという枝切り酵素を見つけた後、私たちは切るだけではなく、ブドウ糖に何かを付けて新たな物質を生み出すことを考え始めました。

ブドウ糖にビタミンやたんぱく質を付けると性質が大きく変わり、新機能のビタミンなどができそうでした。「これはきっと研究分野が急速に広がっていくに違いない」――。そう直観した私は研究体制を充実させるため、1970年には研究部門を独立させ、新たに「林原生物化学研究所」を設立。その頃になると10年前は10人程度だった研究員が50人以上に増え、「林原」の研究所もやっと本物の研究所らしくなってきました。

以降、私たちはますます研究開発に力を注ぐようになり、マルトースから派生した

製品を次々と生み出しました。

糖尿病患者用の甘味料としても使えるマルチトール（これができた時は、私が最初になめてその味を確認しました）、食べられるプラスチック（フィルム）と呼ばれたプルラン、第一章でお話した夢の糖・トレハロースなど、オンリーワン製品を次々と市場に送り込むことに成功したのです。

私たちの会社が大きな赤字を抱えながらも倒産することなく、その後大きな利益を上げるまでに成功できたのは、海外の企業にも負けない、オンリーワンの製品を生み続けたからだと思います。

もちろん私たちには〝運〟や〝ツキ〟もありました。アミロースの時も、トレハロースの時も、短期間にもととなる酵素を発見できたわけですから、これはちょっと常識では考えられないことです。

しかし今では、オンリーワンというオリジナリティを追求したからこそ、あの頃の私たちに〝運〟も〝ツキ〟も味方してくれたような気がしてなりません。

日々研鑽《けんさん》を積み、努力することが大切なのは当然ですが、そこに「諦めないでチャレンジし続ける姿勢」を併せ持つことが、〝成功へのカギ〟といえるのではないでしょうか。

「インターフェロン」との出会い

「オンリーワンの製品を作り続けていれば海外の企業とも対等に渡り合っていける」――。マルトースなどの成功により、そのような自信を深めていた私たちは、次なる研究テーマに「インターフェロン」を選びました。

きっかけは京都府立医大の岸田綱太郎先生とお会いしたことでした。私の教育係であった結縁さんの勧めで岸田先生を訪ねたのは１９７４年のことでした。

岸田先生は私もまったく知らない「インターフェロン」の研究をしていました。

インターフェロンはもともと人間の体内に存在する物質であり、ガンや風邪に対抗できる有用な生理活性物質のひとつです。

インターフェロンを世界で初めて発見したのは、岸田先生の友人でおられる東京大学の長野泰一先生でした。

インターフェロンは言ってみれば「ウイルス抑制因子」であり、１９５４年に長野先生が発見したものです。その「ウイルス抑制因子」を「インターフェロン」としてイギリスの学者がその3年後に発表し、「インターフェロン」という呼び名が広まりました。

発見以来、インターフェロンは世界中で開発が進められました。開発初期は骨肉腫というガン治療に効果をあげていましたが、岸田先生はこれをその他のガンにも試せないかと考えたわけです。

しかし、研究をしようにも、肝心のインターフェロンが不足しており、研究用のわずかの量さえ確保できなかったといいます。インターフェロンは人の細胞の白血球から作られていたため、需要に供給が追いついていなかったのです。

岸田先生は私たちの研究所にあった微生物培養の発酵タンクに着目されました。ある日、岸田先生から「この培養タンクを使って白血球を大量培養し、そこからインターフェロンを作り出せないか」と提案され、世界に通じる製品を生み出したいと思っていた私は「ぜひやらせてください」と即答しました。

私は「発酵技術を応用すれば何とかなるのではないか」と思っていましたが、研究を始めてすぐにその考えが甘かったことを思い知らされました。

私たちが得意としていた微生物の培養と、ヒト細胞の培養とでは、あまりにも勝手が違いすぎました。

しかし「諦めない」のが私たちの専売特許でもありましたから、その後も試行錯誤を繰り返し、仔ハムスターに人の細胞を植え付けると、一度にたくさんのヒト細胞が培養できるところまで辿り着きました。

そこで私たちは、次にハムスター飼育に取りかかりました。ところがハムスターは見かけによらず凶暴で、わずかな光や音といった外因的ショックで自分の子を食い殺してしまいます。インターフェロンを開発しているはずの私たちに最初に現れた壁は、思いもよらぬ「ハムスターの大量飼育」でした。

もちろん、私たちは諦めずに「ハムスターの大量飼育」に挑戦し続けました。約20世代にわたるハムスターの交配を重ね、ようやく性格的に温厚なハムスターの種を生み出し、そこから大量飼育への道が開けたのです。

岸田先生に初めてお会いしてから5年後の1979年、私たちはハムスターを使ったインターフェロンの量産技術を確立しました。

哺乳動物を使ってインターフェロンの量産に成功したのは私たちが世界初であり、この技術は「林原」独自の「ヒト細胞インビボ増殖法」（ハムスター法）と呼ばれるようになりました。

その頃、海外では大腸菌などに人の遺伝子を組み込んでインターフェロンを大量に作る方法が確立されていました。

これはいわゆる「遺伝子組み換え技術」によるものですが、世界ではこれが生産方式の主流になりつつあり、「林原」の社内でも私たちの編み出した「ヒト細胞インビボ増殖法」に加え、この遺伝子組み換え法も並列して進めようとの意見も出ました。

ひとつの方法でいくべきか、ふたつの方法を並行していくべきか、判断に迷った私は、東京の長野先生のご自宅を訪ねました。

長野先生はその場で何人もの研究者に直接電話をし、「どちらがいいと思う?」と意見を聞いてくれました。

そしてひと通り電話が終わると、長野先生は明快に「君たちの作り上げたハムスター法だけで勝負したほうがいい」と仰いました。

長野先生によると、生理活性物質を使った培養にはまだ多くの未知の部分があるため、10年、20年先を考えると、哺乳動物による生産のほうがベターである、ということでした。

その後、1988年に大塚製薬と持田製薬が薬としての「インターフェロン」を発売しました。

これによって私たちも医薬品産業の一角に入ることとなり、事業化にあたってこの時も多くの人から貴重なご助言をいただきました。

私は未知の世界である医薬とかかわることによって、安全性や品質管理といった厳格な基準やそれをどうクリアするかといった諸問題を一から学ぼうと思いました。

また、それと同時に、ハムスター法を用いてインターフェロン以上に複雑な物質を作ってみたいという思いもありました。その挑戦は、ひとりになった今も続いています。

外国人との交渉術

私たちは世界中の様々な企業とデンプンの取引をしていましたが、一番大きな取引があったのはイタリアの国営企業でした。

ある日、その企業が取引していたある製品を「すべて買いたい」と言ってきました。その際、先方は日本に交渉人を派遣してきました。欧米の企業では、このように企業の人間が直接交渉するのではなく、それを本職とした「交渉人」に交渉を任せるのが主流です。

イタリアからやって来た交渉人と、うちの社員がどのように交渉するのか、私はしばらく外から眺めていました（私が直接交渉の席に着くことはしませんでした）。

すると2週間経っても、まったく話がまとまる気配がありません。さすがに向こうも交渉のプロです。延ばしに延ばして、こちらが痺《しび》れを切らして妥協するのをきっと待っていたのでしょう。

そこで私は交渉役だった社員を呼び、「明日、もしこちらの希望が通らず、話がまとまらなかったら、机をひっくり返し、交渉を打ち切って帰ってきていい」と伝えました。

案の定、あくる日の交渉はこちらが強気に出たのでまとまりませんでした。そして4日ほど経って、その交渉人から「再度交渉したい」と連絡がきました。

このとき、私は社員に「ほら、もう大丈夫。これで交渉はまとまるよ」と言いました。交渉せずとも、向こうが折れてくることはもうわかっていました。

社員はそれでも「まとまらなかったらどうしましょう……」と心配しています。ですから私は「大丈夫。絶対にまとまるから」と言ってその社員を送り出しました。

私の目論見《もくろみ》通り、イタリアから来た交渉人は最終的にこちらの要求を呑み、契約はうまくまとまりました。

日本人は控えめというか謙虚なところがありますが、そういった美徳も世界に出たら通用しません。

世界と渡り合うには、「押すべきところは押し、引くべきところは引く」というポイントをしっかり押さえておくことが重要なのです。


私が外国人（とくに欧米系）との交渉の仕方を学んだのは、意外かもしれませんが「空手」を通じてでした。

大学時代にお世話になった空手の先生が岡山に道場を開き、私は社長となってからもその道場で空手を続けていました。

その先生は米軍基地でアメリカ人の兵隊を相手に空手も教えていたのですが、たまに先生の都合がどうしてもつかない場合があり、そのような時は私が代理講師として基地に行っていました。

相手は日本人よりはるかに体格の勝るアメリカ人、しかも兵隊です。筋骨隆々の、身長も2メートルはありそうな大男がたくさんいました。

日本人の中では普通の体格の私も、アメリカ兵の中に入ってしまえば小男です。私が色々と指導しても、彼らは私のことを舐《な》めてかかってきていますから、まったく言うことを聞いてくれません。

私は事前に先生から「アメリカ兵に言うことを聞かせるなら、最初に力技でねじ伏せておくことがとても大切だ」と教わっていました。要は最初に一発お見舞いし、こちらが強いということを見せておけばいいというわけです。

そんなことから私は、空手教室で講師を務める前に基地の司令官に会い、「空手教室で起こったケガなどの事故に関しては、指導者の責任を問わない」という文書にサインをもらっておきました。

このサインさえもらっておけば、もうこちらのもの。後はアメリカ人に「この日本人は強い」ということを見せつけるだけです。

最初の空手教室（指導）の際、一番強そうなアメリカ人を選んで模擬試合を行い、私は一撃で相手をノックアウトしました。

空手教室に参加していたアメリカ兵たちは私の強さを認め、その後は素直に私の指導に従ってくれました。

この空手教室のエピソードは多少荒っぽい例ではありますが、外国人と交渉する際には、日本人からすると「ちょっとやりすぎたかな」というくらいの強引さが必要だということです。

精神の軸は〝空手〟にあり

前項でお話したように、私は「空手」という武道を通じて、本当に色々なことを学んできました。

高校、大学で空手を続けたことにより、私の心身はとても鍛えられました。しかし、当時は空手そのものの魅力というよりは、空手部に在籍する仲間たちといる空間が好きで空手を続けていたようなところがありました。

ですから、大学を卒業する時には「あぁ、これで辛い練習から解放される」と、正直に言えばほっとしたような部分もありました。

ところが岡山に戻って一年ほど経った頃、学生時代の空手の師範だった小幡功先生が岡山に引っ越してこられてから、私の空手に対する思いは少しずつ変化していきました。

小幡先生は、沖縄から〝唐手〟を日本本土に伝え、「空手道」として普及させた慶應の初代空手師範、船越義珍先生の弟子であり、空手の世界ではとても有名な先生でした。

学生時代、小幡先生は私たちからすれば雲の上の人ですから、直接お話しする機会は滅多にありませんでした。

しかし岡山に来られ、小幡先生と空手を通じて直接交流するようになってから、私は空手の精神性のようなものに惹かれ始めました。

社長となったばかりで右も左もわからず、ストレスがたまる一方だった私の精神が、空手をすることによって安定を取り戻していくのがわかりました。

小幡先生に空手の精神性を教わりながら、どこまで自分の精神的、肉体的な向上が図れるのか、試してみたいという気持ちが日に日に強くなっていきました。

小幡先生を慕う道場生はたくさんおりましたが、先生は弟子を持とうとはせず、生活ぶりも「赤貧洗うがごとし」を地で行く生き様でした。しかし、先生ご自身はそんなことはまったく気にすることなく、ひたすら空手道を極めることを人生ただひとつの目標とされている方でした。

ある日、小幡先生からオイゲン・ヘリゲルの『弓と禅』という本を薦められ、「ドイツ人でもここまでの境地に達することができるんだ。君もこれを目指しなさい」と言われました。

空手にはその修行段階を表す「守・破・離」という位があります。「守」は基本を身につけ、「破」はそれに創意を加え、殻をうち破った段階。「離」はそこからさらに進み、無心で自由な世界、心・技・体がひとつになった境地を示しています。これは果たせぬにしても、私の生涯の目標でもあります。

小幡先生は1976年に胃ガンでお亡くなりになりました。死の前日にはベッドの上に座り、お世話になった病院の先生をはじめ、看護婦さん、そして私たち教え子すべての手をとって礼を言われ、従容《しょうよう》として最期を迎えられました。

死の前日、先生からこんな文章をいただきました。

乾坤《けんこん》ノ
朝気ニ
心身
漕々タリ
旭日《きょくじつ》ヲ
拝光シテ
合掌スレバ
神ニ近カシ

今も、この先生の最期のお言葉を見ると、身が引き締まります。

今では私も随分と空手から遠ざかってしまっていますが、心・技・体を少しでも高めていきたいという思いは、あの頃とまったく変わりません。

これからも仕事、プライベート問わず、空手道の精神でどんな時も臨んでいきたいと思っています。そして難しいかもしれませんが、自分も小幡先生のような最期を迎えたいと願っています。

〝独創〟は出すものではなく、辿り着くもの

「林原」で働いている当時、一種の社内用語で「林原のおもちゃ箱」という言葉がありました。

詳しくは後述しますが、「林原」では研究で得られた〝メインの結果〟と同じくらいに〝副産物〟も大切に取り扱っていました。

「目的のものが得られればそれでいい」という考え方ではなく、その道程で得られた副産物も捨てずにちゃんと取っておくわけです。すると、本来ならば捨てられてしまう扱いの副産物でも、後々役に立つ時が来たりすることがあるのです。

「林原」ではその「副産物を取っておくこと」を「おもちゃ箱」と表現し、私がそう

いったものを事あるごとに取り出してくると、社員たちが「社長がまた、おもちゃ箱から何か出してきた」と言ったのです。

「林原」で開発したヒット商品に、１９８７年に発売した「バイオライト」というものがあります。

これは小型の卓上ライトなのですが、人の目にもっともやさしい「日の出から30分後くらい」の光を再現しています。研究の主軸だった糖などとはかけ離れた感じのする製品ですが、これも私たちの研究の副産物から生まれた商品です。

このように副産物から生まれた製品はたくさんあります。しかし、そのどれもが「こういう製品を作ろう」「これならきっと売れるから開発しよう」と思って取り組んだわけでは決してありません。

研究者たちがそれぞれ興味のある研究を続けたからこそ、こういった様々な副産物が得られたのだと思います。基礎研究は、研究者が好きでやっていることが多く、そこには競争者は存在しません。そこから〝独創〟というものは生まれるのです。

「そんな好き勝手なことばかりしていては、企業は成り立たない」という意見もあるのはわかります。でもその考え方は、私はちょっと違うと思います。独創的な基礎研究を続けるからこそ、結果として有意義な副産物も得られるわけで、「儲かるもの」ばかりを追っていたら、大切な副産物には目が行かなくなり、結果として「儲からない」ことになってしまうのではないでしょうか。

応用研究を的確に行っていれば、それは確かに成果が見通せます。しかし、その研究をしているライバルは多く、激しい競争を勝ち抜いて一番になった企業しか利益を生み出すことができません。しかも、こういった研究結果は、ちょっと油断するとすぐに陳腐な技術となってしまいます。

基礎をベースにした基礎研究は、こういった点で応用研究とは大きく異なります。研究のはじめから成果を得る過程、そこから派生する副産物まで、すべてが自分のものとなります。

まったく他ではやっていないことですから、他社も容易に追随することはできません。

世間的には「独創はリスクが大きい」と思われていますが、実はその逆で、「人真《ひとま》似《ね》」ほどリスクの大きなものはないのです。

とはいえ、「林原」も従業員を多く抱える企業でしたから、基礎研究ばかりやっているというわけにもいかず、当時は基礎が3〜4割、応用が6〜7割といった具合でした。

基礎研究は、結果を得るまでに時間がかかります。私が携わっていた酵素研究にしても、何十年という地道な研究の上に成り立っていました。

研究者は出張に行くたび、各地の土を持ち帰り、絶えず新しい微生物を探し続けていました。そして、若い研究者は、まるでペットを育てるかのように微生物を愛《いつく》しみながら育てていました。「林原」にはそういった微生物が集められ、世界的なコレクションとなっており、その眠っている副産物から様々なヒット商品が生み出されていったのです。

インターフェロンでお世話になった長野泰一先生は、「〝独創〟は出したいと思っている人間には出せないんです。事実を丹念に追っているうちに、新しいことに巡り遭い、それが結果として〝独創〟となるのです」と仰られていました。私もまさにその通りだと思います。

もしあなたが「独創的でありたい」と思っているなら、オリジナリティばかりを追求するのではなく、今まで何気なく過ごしてきた一瞬、あるいはあまり気遣いもしなかった人間関係などをいま一度見直し、「丹念に生きる」ことをしてみたらいかがでしょう。

〝独創〟と呼ばれるものが存在するのは、思いも寄らぬ場所、意外な場所ではありません。あなたが今まで何気なく見逃してきたもののなかに〝独創〟は隠されています。あなたの「おもちゃ箱」は、実はあなたの身近に転がっているのです。まずはそれを探してみてください。

海外企業から「独創」を守るための〝特許〟

「夢の糖」と呼ばれたトレハロースの量産法を発見する直前、私たちはブドウ糖がたくさん連なる多糖類の研究、開発を続けていました。

「利益を考えたらやはり小さな糖の研究がいいのではないか」

「もう一度原点に還って、土からやってみよう」

研究者たちとそういったやりとりを交わし、私たちは研究を続け、「夢の糖」、トレハロースの量産法を見つけました。

トレハロースは古くから知られた二糖類です。砂漠などには、乾燥して何年も死んだような状態にありながら、水分を与えてやると生き返る植物や昆虫が存在します。こういった現象に関係しているのがトレハロースです。

トレハロースは細胞の中で水に代わる働きをしながら、水ではないので凍ることはありません。このトレハロース独特の性質が食品、医薬品などの保湿や凍結保護に活用できそうなことは以前からわかっていました。

その後のトレハロースの量産技術開発は、第一章で詳述した通りですが、現在でもトレハロースを用いた市販の商品数は7000を超え、海外にも広く普及しています。

この「林原」の独創ともいえるトレハロースの量産法を守るため、私たちは初めから特許戦略を意識していました。

トレハロースは誰もが知る糖でしたから、用途については世界中に様々な特許が存在していました。

そこで私たちは低価格で安全な製品を普及させるため、用途関連特許を買い取るなどしつつ、ユーザーが安心して使える体制を整えていきました。

企業のオリジナリティ、独創性を守るためにある特許ですが、この特許に関して私には苦い経験がありました。

先代である父は１９５９年、酵素糖化法によるブドウ糖の量産化に成功しました。父が考えた革新的な製造方法でしたが、特許の不備から他社もこの製法で生産、供給することとなり、結果としてブドウ糖の過剰供給に陥ってしまいました。

そんなことから、「林原」は特許の重要性は身に染みており、赤字が続く時代でも特許を取得するための予算は惜しみませんでした。そして私が社長就任後の１９７２年には専門の特許部を設けたのです（「林原」クラスの企業規模で特許部を持っているのは当時は異例でした）。

トレハロースを開発していた頃、「林原」は欧米の大手製薬会社とインターフェロンα製剤の特許を巡り、争っている真っ最中でした。

先方の主張では、「林原」のハムスターを使った製造法による製剤も、彼らの白血球インターフェロンの特許を侵すというものでした。

大手製薬会社が相手でしたが、私たちは一歩も引くことなく戦いました。そもそも、向こうの言い分にまったく理はなく、かなり強引な訴訟《そしょう》だったのです。そんなことから、1997年、足かけ8年の係争は「林原」の全面勝訴に終わりました。

研究、開発を行っている企業は、常日頃から「100か0か」の難しい環境のなかで利益を出そうとしています。

結果を出すためには、企業としてのそれなりの気概も必要ですし、それ相応の予算もかけなければなりません。

そういった状況のなかで、企業の独創性を守ってくれるのが〝法〟であり、〝特許〟なのです。

「モノ作り企業」が忘れてはならないこと

「モノ作り企業」として海外の企業と競い合っていくうえで、その土台となる国内の経営をしっかりと行っていかなければ、国内外の企業と戦っていくことはできません。

私たちは糖の研究をメインに、様々な物質を開発していましたが、それらを積極的に販売していくとなると、「糖とは何なのか？」「トレハロースとは何なのか？」といった基本的なことを取引先や消費者の方々に知ってもらう必要があります。

また、「トレハロースは保湿力や乾燥を防ぐ効果があって、美容にもいいんですよ」と言葉だけで説明しても、その製品の本当の効果や魅力を実感していただくことは難しいでしょう。

そこで「林原」では1992年、営業、販促活動の一環として新たな拠点「Lプラザ」を岡山に開設することにしました。

Lプラザの Lは「ラボラトリー＝研究所」の略で、施設内には食品を作るための厨房設備や私たちが開発した各種素材、さらに分析機器などが揃っており、「林原」の製品（材料）を使った商品の提案、試作品作りのサポートなどをさせていただいていました。

このLプラザの効果は絶大で、設立された年に、以前から取引のあった福岡の明月堂さんと共同開発した「博多通りもん」という菓子が大ヒット商品となり、この菓子は今でも博多を代表する銘菓として親しまれています。

ちなみに「博多通りもん」は白餡《しろあん》の中に練乳やバターを混ぜ合わせた和洋折衷《わようせっちゅう》のまんじゅうのような菓子で、甘味のキレを出すため、さらに保存性や食感を高めるために「林原」のトレハロースが使われていました。

効率や利益を考えれば、地方の菓子メーカーや個人商店と取引するより、大手メーカーに直接営業をかけて商品化してもらったほうが得策かもしれません。

しかし、大手というのは「過去の実績」を重視する傾向が強いので、まだどこも使っていない素材を商品にするのは敬遠されがちなのです。

そういった理由から「林原」では付き合いの古い中小のメーカーや商店にお声掛けし、そこで商品を共同開発しながら、まずは地域に根付く人気商品作りに奔走しました。「地域で評判」となれば、その後に大手から声がかかることも多いのです。

製造業の衰退や中小企業の危機が叫ばれて久しいですが、私は日本の製造業の力は依然として世界一だと思っています。中小企業の未来は決して暗くはなく、日本経済のなかで果たす役割はより重要になってくると考えています。

当時、「林原」で新しい糖を開発すると、最初に試し、使ってくれたのは古くから付き合いのある中小食品メーカーさんでした。

彼らは商売に対する熱意だけでなく、とても研究熱心でもありますから、新しい材料や技術への関心は強く、チャレンジ精神も旺盛です。自らの分野に誇りを持っておられますから、私たちの製品にちょっとでも不備があれば、その後に厳しい指摘をされたりもしました。

しかし、いくら商売に意欲的とはいえ、新分野へのチャレンジとなると、どの食品メーカーさんも知識や設備の乏しさなどに頭を悩ませていらっしゃいました。

新たな商品開発では、原料分析や試作品作りなどでいくつもの障害にぶつかります。中小の食品メーカーさんは意欲はあっても、どうしても総合力や開発スピードに欠けてしまうわけです。

そこで取引先の商品開発を支援し、自分たちの製品も使い続けてもらおうというのが「Lプラザ」の趣旨であり、その考え方がモノ作りの中小企業のニーズにマッチしたのです。

現代は「ナノテクノロジー隆盛の時代」と言われています。21世紀の最先端の技術が生かされるこの分野にも、繊細さにこだわる職人芸や中小企業の技術は必要とされています。

世の中はデジタル化によって確かに便利になりました。しかし、人間の五感を満たし、芸術性を高めてくれるのは間違いなくアナログの世界です。日本の職人たちが大切にしてきたこのアナログの世界を、私たちは強い決意を持って継承していかなければならないのです。

日本人の持つ繊細かつ芸術的な職人芸は、モノ作り大国・日本の専売特許であり、これはアメリカも中国も真似ができません。近い将来、日本の製造業の強みを再び発揮できる時代がきっと来ると私は信じています。

卓越した技術を持ったベンチャー企業であっても、小さな一社ですべてを成すのには無理があります。その欠けた部分を大手がサポートし、また企業同士で補い合えれば、事業は益々盛んになっていくことでしょう。

戦後、高度成長期を経て日本がここまでやって来られたのは、技術革新を繰り返してきた製造業の力があったからに他なりません。決して経済政策だけが優れていたわけではないのです。国を支える製造業、モノ作りの技術を生かすべく、経済政策も含めて新たに真剣に考える時期が来たのではないでしょうか。

日本向けも、海外向けも、営業スタンスは同じ

「林原」では常に「オンリーワンの製品」を目指していましたから、世界中のマーケットを営業の対象にしていました。

もっとも海外展開していた頃は、アメリカ、イギリス、ドイツをはじめ、海外に10ヶ所の営業拠点を開設し、積極的に営業活動をしていました。

食品メーカーや化粧品メーカーが主でしたが、取引していた企業は実に様々です。日本人にもとてもよく知られた有名ブランドの化粧品にも「林原」の製品が使われていました。

2010年頃、美白効果を謳った化粧品がブームとなりましたが、その多くの商品には「林原」で開発した「安定型ビタミンC」が用いられていました。

海外の大手食品メーカーにも「林原」の顧客は多く、五大穀物メジャーのひとつである「カーギル」とも、トレハロースに関する製造販売の契約を結んでいました。

ヨーロッパの大手ドーナッチェーンから、トレハロースの大量注文をいただいたこともあります。ドーナツに砂糖は欠かせない素材ですが、砂糖を振りかけたドーナツは湿気を吸ってすぐにベトベトになってしまいますし、日持ちもしません。しかし、砂糖の代わりにトレハロースを使うと、いつまでもきれいなまま、しかも日持ちのするドーナツができ上がるのです。賞味期限が延びるということはメーカーにとっても非常に大きな付加価値となることから、トレハロースはいろんな企業から注文をいただくことができました。

海外10ヶ所に営業拠点を開設した際、取り立てて営業方針、方法を変えたということはありません。

現地の言葉に堪能な営業マンを新規に雇ったりはしましたが、国によって営業スタイルを変えるようなことはしませんでした。

「林原」の製品を言葉だけで説明しようとするとどうしても無理が生じます。ですから海外でも、営業先の各メーカーに食品の試作品を持ち込んで説明したりするなど、Lプラザで行うような「提案型」の営業スタイルを取っていたのです。

「違い」を認め合ってこそ、長続きする交流が生まれる

「林原」では世界中をマーケットと考えた営業戦略を立てていましたが、その対象は基本的に「先進国」でした。

言葉や文化の違いこそあれ、外国の先進国も日本も同じ先進国ということで生活レベルはほぼ同等です。戦略を立てるのにも、苦労することはそれほどありませんでし

愛読者カード

このハガキにご記入頂きました個人情報は、今後の新刊企画・読者サービスの参考、ならびに弊社からの各種ご案内に利用させて頂きます。

●本書の書名

●お買い求めの動機をお聞かせください。
1. 著者が好きだから　2. タイトルに惹かれて　3. 内容がおもしろそうだから
4. 装丁がよかったから　5. 友人、知人にすすめられて　6. 小社HP
7. 新聞広告（朝、読、毎、日経、産経、他）　8. WEBで（サイト名　　　）
9. 書評やTVで見て（　　　）　10. その他（　　　）

●本書について率直なご意見、ご感想をお聞かせください。

●定期的にご覧になっているTV番組・雑誌もしくはWEBサイトをお聞かせください。
（　　　）

●月何冊くらい本を読みますか。
（　　　冊）

●本書をお求めになった書店名をお聞かせください。
（　　　）

●最近読んでおもしろかった本は何ですか。
（　　　）

●お好きな作家をお聞かせください。
（　　　）

●今後お読みになりたい著者、テーマなどをお聞かせください。

ご記入ありがとうございました。著者イベント等、小社刊行書籍の情報を書籍編集部HP（www.kkbooks.jp）にのせております。ぜひご覧ください。

郵便はがき

お手数ですが
62円分切手を
お貼りください

1700-8457

東京都豊島区南大塚
2-29-7
KKベストセラーズ
書籍編集部行

おところ 〒

Eメール @ TEL ( )

(フリガナ)
おなまえ

年齢 歳
性別 男・女

ご職業
会社員
公務員
教 職(小、中、高、大、その他)
無 職(主婦、家事、その他)
学生(小、中、高、大、その他)
自営
パート・アルバイト
その他( )

た。

難しいのは、生活レベルも価値観もまったく違う「発展途上国」を相手にした場合です。

私はモンゴルが好きで、たびたび旅行などで訪れています。また、「林原」では、林原自然科学博物館の古生物研究事業の一環で、モンゴル・ゴビ砂漠で恐竜の化石を発掘していました（ちなみにその事業は、岡山理科大学の生物地球学部に事業を引き継いでいただき、2018年の3月には「恐竜学博物館」として一般向けに公開したようです）。

そしてモンゴルに行くたびに、日本との国民性の違いや価値観の違いを痛感しています。

世界的基準からいくといまだ発展途上国のモンゴルですが、近年のその経済成長ぶりには目を見張るものがあります。

日本のように経済が発展し、モンゴルの人たちもきっと「もっともっと豊かになりたい」と思っているのかと思いきや、実情はどうもそうではないようです。

モンゴルでは依然として3割以上の国民が遊牧民として生活しており、彼らがみな

「お金持ちになって豊かになりたい」と思っているかというと、決してそんなことはないわけです。

経済社会の基準では世界の国々を〝先進国〟と〝後進国（発展途上国）〟とに分けたりしていますが、私はその考え方は間違っていると思います。

現在発展途上国であっても、ある一定の条件が揃えばやがて先進国になり、〝発展途上国〟とはその過程で判断しているに過ぎず、しかも〝発展途上国〟の人たち皆が〝先進国〟になりたいと望んでいるわけでもありません。

モンゴルの遊牧民の人たちも、経済的に豊かになるというより、自然や動物たちを大切にしながら精神的な豊かさを重要視しています。経済的に豊かになるのがいいのか、はたまた精神的に豊かであるほうがいいのか、どちらを選ぶかは個人の自由なのです。

以前、チベットやインドに旅行した際に感じたのは、向こうの人たちの死生観は日本人とまったく違うということです。

インドでは人は年を取ると巡礼に出て、次の生まれ変わりの時にいい形で生まれ変われるようにと願いながら修行をします。インドの年配者たちに「老後を楽に過ごそう」とか「老後はのんびりしよう」という発想はあまりありません。

日本人は同一民族で、同一の文化を共有していますから、異質の文化を背景に持った海外の人たちを理解できない部分が多少はあると思います。

私は、その「異なる部分」を無理に理解する必要はないと思っています。無理に理解しようとするとトラブルが起きるだけです。だからそうではなく、むしろ「自分と海外の人は文化も考え方もすべて異なっている」という「〝違い〟の認識」をしっかり持つことのほうが重要です。

海外の人たちと同化しようとするのが日本人の〝おもてなしの心〟なのではなく、互いの違いを認め、そこから相互理解を深めていこうとするのが本当の日本人の〝おもてなし精神〟であり、それが諸外国との関係を長続きさせていく唯一の方法なのです。

第四章

「日本型経営」の良さを見直す時がきた

戦後の高度成長期を支えた「日本型経営」には、良さも悪さも混在しています。平成の時代も終わりを告げようとしている今、昭和から続いてきた「日本型経営」を見直し、これからの時代にふさわしい「新型経営」を提唱します。

「カバヤキャラメル」を作った父・一郎

大学時代、私は父の突然の死によって「林原」の社長を務めることになりました（本格的に社長を務めるようになったのは大学を卒業してからでしたが）。

元々、「父の仕事を継ごう」などとは微塵《みじん》も思っていなかった私ですから、「林原」の社長就任は青天の霹靂以外の何物でもなく、社長就任当初は不安に苛《さいな》まれる毎日でした。

当然のことながら私は父と一緒に仕事をしたことがないので、私の経営哲学は父から学んだものではありません。

しかし、私の体には確実に父の血が流れているわけで、自分ではまったく気付きませんが、知らず識らずのうちに父と同じような選択をしていることもきっとあるのでしょう。

つまり、私の経営哲学は私だけのものではなく、父の代からの流れを感じながら培われたもの、そして「林原」で社長をしながら育まれたものであるわけです。

そこで、私の経営哲学の礎でもある「私の父」について、ちょっとお話をしておこうと思います。


私の父（一郎）は1908年（明治41）に、保次郎（私の祖父）の長男としてこの世に生を享《う》けました。

父のスケールの大きさは祖父・保次郎から受け継いでいるようで、祖父は遊郭から会社に通ったり、社長室に一斗樽を置いたりと、とてもユニークな人だったといいます。

1934年、この祖父が亡くなり、父は旧満洲（現在の中国東北部）で一旗揚げる夢を捨て、林原商店社長に就任しました。

父はすぐにデンプン業界で頭角を現し、終戦の翌年（1946年）には、いち早く工場を再建。他社に先駆けて水あめなどの製造を再開しました。

当時はひどい食糧難で、甘い食べ物などはとても貴重な存在でした。それで菓子や調味料原料として、水あめは飛ぶように売れたそうです。

その後、父はさらに事業を拡張するため、岡山駅前の5万平方メートル近い日本電気旧岡山工場跡地も買収しました。

50代以上の方なら「カバヤキャラメル」というお菓子を覚えていらっしゃるのではないでしょうか。

現在では「林原グループ」とはまったく関係のない会社となっていますが、父は1946年に「カバヤ食品」を設立し、キャラメルの製造、販売を始めました。

宣伝のためにカバをかたどった宣伝カーを走らせ、カバの子供を2頭購入し、特製の車に乗せて全国を巡回しました。当時、私はまだ幼かったのですが、宣伝カーやカバの子供のことはとてもよく覚えています。

当時はこのキャラメルに付いている「おまけ」もとても話題となり、カードを集めるともらえる文学全集「カバヤ児童文庫」（約160巻）も話題となりました。

全国の子供たちの圧倒的な人気を博し、カバヤ食品はたちまち日本有数のキャラメルメーカーへと成長したのです。

スーパー実業家だった父の「発想力」と「行動力」

父はアイデアマンであり、行動力なども誰よりも秀でていました。ワンマンで威張っているように思われがちですが、実はやさしく、気配りをする人でした。情にもろく、助けを求められると断れない性質でもありました。

そんな父ですから、多少強引なところがあっても、会った人は誰もがすぐ父のファンになり、みんなが父に付いていったのだと思います。

かつての林原グループには、メインとなる食品製造販売の他、製紙業、ホテル業、倉庫など多種多様な企業が存在していました。父はなぜここまで手を広げたのか。いえ、父は自ら手を広げていったわけではなく、そのほとんどは父が再建などを託され、引き受けた会社なのです。

林原グループのメセナ活動として創設した「林原美術館」の旧池田藩収蔵品を、池田家から頼まれて買い受けたのも父でした。

父は決して愛想のいいタイプではありませんでしたが、社員たちからの人望も厚く、取引先の方々からもとても慕われていました。

父にとって〝仕事〟と〝プライベート〟の境はまったくなく、家では毎月、社員の誕生会をやっていました。さらに正月になると、社員全員が家にやって来ます。この新年会は芸者さんも呼ぶ大宴会となり、社員全員に折り詰めを持たせて帰すというまさに大盤振る舞い。豪放磊落《ごうほうらいらく》な父を物語るエピソードのひとつですが、母たちは１ヶ月ほど前から準備に追われていましたから、本当に大変だったと思います。

父は仕事のみならず、趣味も徹底して追及する人でした。刀剣や骨董品を収集するのが趣味で、専門家顔負けの目利きでもありました。料理も好きで、自ら包丁を握り、素材までこだわった料理を私たちに食べさせてくれました。

また、大の動物好きでしたから、家にはとてつもなく大きな犬、さらにクマ、カモなども飼っていました。一番のお気に入りは手長猿で、その猿と一緒に一番風呂に入るのが日課でした。

私は3人兄弟の長男ですが、私たち兄弟は父からいつも「善悪をしっかり判断できる人間になりなさい」と言われていました。

私が社長だった当時、古い社員から見ると私と父は経営者としてまったく別のタイプに思えたそうです。しかし、気付けば私も自分の子供たちに「善悪をしっかり判断しなさい」と父と同じことを言っていました。やはり、血は争えないものなのだとつくづく感じます。

岡山から世界へ ～地域に根ざした企業

祖父の代からの流れを脈々と受け継いでいた「林原」は、言ってみれば「日本型経営」の典型的な企業だったと思います。しかも父は全国に手を広げていくというよりは「地域に根ざした」経営を目指していたように思います。

両親も祖父母も岡山の人間で、私も生粋《きっすい》の岡山っ子です。岡山市の西隣の総社市《そうじゃし》には備中《びっちゅう》国分寺があり、春になると周辺にたくさんのレンゲが咲きます。私が最初に思い浮かべるふるさとの風景がこれです。気候温暖、海山川の幸に恵まれた豊かな地で私は育ちました。

企業が地方を拠点に営業活動を行うことには一長一短ありますが、「林原」にとっては大きな意味で岡山にいたことがプラスになっていました。

企業が長く続いていくためには、地域の文化、そしてその地で暮らす人々との繋がりが欠かせません。利益を追求しているだけでは、〝人〟は付いてきてくれないのです。

祖父の代から「林原」は岡山の人々に支えられてきました。「地域に根ざすことの大切さ」は岡山にいたからこそ学べたことです。

他社と同じものを作るのであれば、情報量の多い大都市に拠点を置いたほうがいいでしょう。しかし、オンリーワンのモノ作りにこだわるのであれば、場所はあまり関係ありません。

地方にあるからという理由で、人材確保に苦労したこともほとんどありませんでした。好奇心旺盛かつ向上心のある若者は東京の大学に行きたがります。しかし、卒業後、化学の専門性を生かせる企業が少ないため希望の会社が見つからなかったり、あるいは様々な事情で卒業後には岡山に戻らなければならない優秀な若者が相当数いました。私たちはそんな若者を採用していました。

そのようなわけで「林原」の社員の9割以上は岡山出身者で占められていました。しかも「公募はせず、縁故などの採用だけ」でです。

親族や知り合いが「林原」に勤めていたり、あるいは私がいた当時には社内結婚した夫婦の子供が入社してきたこともありました。

総務省が公表した2017年の人口移動報告によると、東京圏（埼玉、千葉、東京、神奈川）は転入者が転出者を11万9779人上回る「転入超過」でした。

現政権は「地方創生」を掲げるものの、転入超過の状態は22年連続で続いており、東京一極集中化の流れは加速しているといいます。

このままでは、地域文化や経済の活力の源が大都市に奪われていく一方です。人間の頭脳にあたる部分が、ごっそり東京に移ってしまっているようなもので、このままでは、「首都栄えて、地方立ち枯れ」ということになってしまいます。

こんな時だからこそ、地方ががんばらなくてはいけません。地方企業はまず、自分の子供たちが喜んで引き継いでくれるよう、仕事を魅力的なものにしていく努力をすぐに始める必要があります。

物資の調達から製造、販売、消費まで、地域内で仕事が成立、完結することが、若者も魅力を感じる地域性を育んでいくのだと思います。そしてそれこそが、まさに「地方創生」に繋がるやり方なのです。

「次の世代」に、より良い日本を残すために

私が社長をしていた頃の「林原」には、海外のトップクラスの医薬、化学企業から製品や技術を提供してほしいという話がとても多かったように記憶しています。

「林原」で生み出した製品や技術は、そこに漕ぎ着くまでの研究開発に10～20年かか

っているものばかりです。

どれも、結果としての売上げや利益にとらわれず、オンリーワンを生み出すべく、事業を通じて何を成すか、成そうとするか、との姿勢があって生まれた成果だと思っています。

21世紀に入って間もなく20年を迎えようとしている今、人類は環境破壊、人口増、食糧問題など、かつてないほど多くの難問を抱え込んでいます。

かつてない危機に瀕するこの「地球号」を、可能な限り良い状態で次の世代に引き継ぐことが私たち大人の最大の使命なのです。

解決に必要な科学や技術の力は、十分にあると思います。これから先、問われていくのは、各企業が正しい判断や倫理、技術を駆使する創造力、挑戦する勇気を持ち続けることではないでしょうか。

時には開発や仕組みづくりに数十年を要するかもしれません。しかし、歌舞伎など芸事の世界では、一代でできない芸を、代を継いで完成させるといいます。こんな仕事は、規模の大きな企業より、中小の企業、家業にこそふさわしいと考えます。

新しいことを追いつつ、かつてあった日本企業の良いところは引き継ぎながら、私たちは次の世代に「より良い日本」をバトンタッチしなければならないのです。

リーダーがしっかりと舵を取れば社員は育つ

「林原」で社長を務めていた当時、新聞や雑誌などからインタビューを受けることが結構ありました。

「社長は昼前に出社、2、3時に退社する」などと書かれたこともたびたびありますが、ほぼその通りだからまったく否定はしませんでした。それどころか、さらに「トップに40年もいるがいまだに社長業にはなじめない」などとリップサービスしてしまうものですから、社外からは「仕事をしない、わがままな社長」と受け取られがちでした。

しかし、少し言い訳めいた話になってしまいますが、私は大学を出た時から社長であり、家業に携わってきました。仕事のことはいつも頭にありますし、その意味では平日も休みもまったく関係ありません。

ただ、「林原」のような研究開発型企業で、社長である私のやれることは限られていました。それなのにボーっと社長室で過ごしているわけにもいきません。ですから私は会社から家に帰ると、それから明け方まで、自室に籠《こ》もり化学に関する学術書を中心に、興味のある分野の本を渉猟《しょうりょう》しました。

社長としての私の仕事は、極論すれば唯一「研究テーマの設定、方向付け」であるといえるでしょう。

年にひとつでも、オンリーワンのヒット商品への道筋をつければそれでいいのです。それ以外のことは、私でなくてもできますし、研究、製造、販売、営業とそれぞれに適任者もいました。

研究開発に関して、私は常に〝ワンマン〟だったと思います。

研究テーマは、会社の命運を左右するものです。その選択さえ誤らなければ、良い結果を出すことはどの企業にも可能です。しかし、この選択を間違うと、どんなにいい仕組み、また潤沢な資金があったとしても、芳《かんば》しい成果は決して得られないのです。「林原」で取り上げていたテーマの基本は、「他が手をつけていないこと」でした。研究者たちからはその都度、いろんな意見が出ます。もちろん、社長だからといって私の意見が通るとも限りません。

しかし、研究者たちの間から反対意見やためらいが出てくる時、その多くはテーマそのものに反対なのではなく、実は「うまくいかなかった時の心配」があるように感じました。

そんな時、私は「結果の責任はすべて私が取るから」とみんなに話し、研究者たちが気後れすることなく新しいテーマに挑戦できる環境づくりに気を配っていました。

研究者はみな、新しいことをやりたいのです。「うまくいかないかもしれない」と思うような研究でも、その責任が明らかであれば、研究テーマもまともな方向へと動き出すのです。

社員と会議をする際、私は一人ひとりの意見を聞き、テーマをまとめるようなことはしませんでした。

なぜなら、そんなことをしていたら、一番安全で陳腐なテーマに落ち着いてしまうからです。

会社の進むべき道筋、あるいは新たな研究テーマなどを合議で決めるのは「愚の骨頂」だと考えます。


とはいえ、私が社員の意見を無視し、独断で会社を仕切っていたかといえばそんなこともなく、みんなの意見を聞きつつ、最終的には私がすべてを決めていました。

適切な研究テーマがあれば、社長などいなくても社員はやる気を出してがんばってくれます。

他の誰も手をつけていないテーマであれば、担当する研究者も学歴など関係なく、誰も実績を上げていない世界の研究ですからそこには優劣も存在しません。

「林原」の研究者の多くは地元出身者でしたが、成果を上げることでその分野の一流研究者になっていった人もたくさんいます。

優れた研究テーマから生まれた商品は、営業に携わる社員の質も変えてくれました。

例えば1970年代に開発に苦労した「マルチトール」はその典型です。

マルチトールはそれまで存在しなかったまったく新しいタイプの商品でしたから、何に使われ、どんな分野に需要があるか、誰もが皆目検討がつきませんでした。既存の販売ルートでは売りにくいですし、他社にない商品なので価格を競うわけにもいきません。

営業担当者たちは栄養学や医療分野の人たちと接し、勉強を重ねていくなかで、糖尿病向けの用途を少しずつ開拓していきました。

接する人の範囲も視野も広がり、数年経つと営業担当者たちの言うことがまったく違ってきたことを私は実感しました。

どんな社員教育より、適切なテーマを決めることが良い商品を生み、優秀な社員を育んでくれるのです。

私の社長としての信念は、「林原」の世界的発展に繋がるものでしたが、残念ながら結果として会社の破綻も同時にもたらすこととなってしまいました。

これから先の時代を生きていく若い世代の人たちには、本書で述べている私のこの経験から、それぞれの最善の道を導き出していっていただけばと切に願います。

〝オンリーワン〟の商品が会社をよくする

研究者たちに好き勝手な研究をさせていたら、それこそ会社として成り立たない。そんなふうにお考えの方もたくさんいらっしゃると思います。

「林原」には、他社にはない「自由な風土」が根付いていましたが、社員たちがバラバラだったかというと決してそんなことはなく、総じて愛社精神にあふれ、また仕事熱心でもありました。

社員たちに愛社精神を持ってもらうために、特別な社員教育などはまったく行っていませんでしたが、なぜ社員たちは「林原」を愛してくれたのか？　それは「林原」ならではの「オンリーワンのモノ作り企業」という特殊性が大きく関係していたように思います。

「林原」の研究者たちは「一生懸命がんばれば、自分にも世間を驚かせる製品を生み出すことができる」と信じていました。これは私が常々「オンリーワンのモノ作り」を提唱し、それが会社に根付いていた証《あかし》といっていいでしょう。

もし「林原」が他社のヒット商品を追随するような開発しかしていないような企業なら、社員たちはあそこまで情熱を持って仕事に取り組んでくれることはなかったはずです。

研究者が情熱を持ってテーマに取り組み、素晴らしい製品を生み出してくれるからこそ、営業や特許担当の社員たちも「この素晴らしい製品を世に広めたい」と一生懸命仕事に取り組んでくれるわけです。

「オンリーワンの製品を作り、それが世の中のためになるよう広く普及させる」という理念さえはっきり示しておけば、社長が厳しく目を光らせていなくても、社員たちは共通の目標に向かって邁進してくれるようになるのです。

飽くなき研究、開発の志が明日の日本を担う

「林原」がメセナ活動の一環で設立した「林原美術館」の入口の脇には、とても大きく、立派な松が植えられています。

これは今から半世紀ほど前、島根のとある経営者の方からいただいたのを植樹したものです。

その方の事業が苦境にあった時、私の父が支援をしたといいます。父が亡くなって10年ほど経った頃でしょうか。その方が返済のために私を訪ねて見えました。その際、私は「返済のお金は私からの再起祝いということにしておいてください」と申し上げました。すると、しばらく経って、島根からこの松を持ってこられたのです。

当時の「林原」の取引先の多くは、先代から続く古い付き合いの会社ばかりでした。取引先の創業者が、私の父や古い社員と戦友、あるいは友人といった強い絆で結ばれている場合も多く、事業の広がりは「人と人の繋がりありき」なのだと身に染みて感じました。林原美術館の松は、その「人と人の繋がり」の象徴といってもいいでしょ

う。

私は社長時代、先代から築き上げてきたこの「人と人の繋がり」をベースに、事業を拡大し、「オンリーワンのモノ作り」を目指してきました。

社長就任から10年ほど経った頃、私は以下のような文章を社内報に記しました。

「日本に必要なのは、日本独自の産業である。原料を輸入して製品化し、アジアなど途上国に売りつけて利ザヤを稼ぐやり方ではいつか行き詰まる。日本人の精神構造にふさわしい、自然と共存する考え方を技術にして輸出できる、そんな産業を興したい」——。

これを記した当時の私はまだ30歳ちょっとの若造でしたが、今見てもその内容はうなずけるものであり、自分で言うのもなんですが、まずまずのできではないかと思います。

当時、私は仕事でよくアジア各国を訪れていました。その際、タピオカなどをデンプン原料に使ってほしいとの声を各地で聞きました。

豊富な地下茎デンプンを生かすことができれば、アジアと日本の関係はもっと密接になっていけるはずだと確信していました。そんな思いがきっと先のような文章を書かせたのでしょう。

「食べられるプラスチック」のプルランなどは、環境問題が大きく取り上げられる今の時代にこそ大きな可能性を秘めた素材ということができます。

アジアで豊富な地下茎デンプンを資源とすれば、環境問題をクリアした素材・プルランを大いに活用できるかもしれないのです。また、このデンプン技術は食糧問題の解決の一助にもなるはずです。化学の先端技術がアジアと日本の橋渡しになる。「林原」時代の社長業に未練はありませんが、そういった研究や技術の成果はこの目でしっかりと見てみたいものです。

「合理化」が日本企業を弱体化させた

詳しくは終章でお話しますが、私はひとりとなった今も、世の中の人々に喜ばれる製品（サプリメント・水など）を作るべく、日夜研究に勤しんでいます。

「林原」での社長時代も今も、私は研究から生まれた「副産物」を「研究テーマとは関係ないから」と捨てるようなことはせず、「今後、何かの役に立つ時がきっと来る」と思って大切に取っておいています。

普通の企業であれば「無駄を省く」という合理化を進めているでしょうから、仕事と関係ないものが出てきたらそれは簡単に捨てられてしまうことでしょう。

現在の社会で企業がもっとも注力して進めている合理化といえば「リストラ」です。人をモノと同等に扱い、「あいつは使えないから」と簡単に切り捨ててしまう現代社会の風潮に、私は一種の危機感を抱いています。

「タカタ」の欠陥エアバッグ問題をはじめ、東芝や日産、神戸製鋼の不祥事など、近年、日本を代表する大企業が相次いで社会的問題を起こしています。

なぜ、日本企業はここまで堕落してしまったのでしょうか？

「合理化」の御旗を掲げ、容赦ないリストラを展開し、アメリカの言うままに、あるいは世界の潮流に乗り遅れまいと「グローバル化」を推し進めてきた政治、経済、両者の諸施策の失敗と弊害が、ここに来て一気に表層に噴出してきたと言えるのではないでしょうか。

「グローバル経済」はいかにコストを低く抑えるかの競争です。コストを下げるための一番の方法は、レイバーコスト（従業員の賃金）を下げることにあります。

そこで日本企業は、先を争って賃金の低い新興国（主に東、東南アジア）で製品を作るようになりました。

しかし、日本的経営法式に慣れた国内企業の経営陣が、グローバル市場での競争を勝ち抜いていくには無理がありました。

タカタは工場を置く現地のメキシコ人に製造と製造管理を任せきりにして問題を起こし、結局、世界的企業であったタカタは破綻に追い込まれました。

それに続く他企業の多くの不祥事も、ほとんどが雇用（従業員管理）の問題に端を発しています。

従業員を単なる「コマ」と考えることは、日本型経営に馴染《なじ》んできた経営者たちにはきっと無理なのでしょう。

日本企業はこれまで、雇用（従業員）というものを何よりも大切にしてきました。

たび重なる日本企業の不祥事は、単なる「会社組織の綻《ほころ》び」ではないのです。

これらの問題、失態の事実は、「日本式経営の良い部分はきちんと生かしていこうではないか」という天からの声なのではないでしょうか。

「和」を求めるだけでは企業は伸びない

第一章でお話ししましたが、「トレハロースの開発」に際し、私たちはラッキーなことに研究所の庭先にある木の根元の土から、トレハロースを作る酵素を生み出す〝アルスロバクター菌〟を見つけることができました。

実はこの菌を発見した研究者は、社内でも曰《いわ》く付きの問題社員、言い換えればトラブルメーカーでした。

この研究者は一匹狼タイプで協調性に欠け、他の社員からも嫌われており、彼を管轄する上司からも「あいつを辞めさせてください」と相談されたことも何度かありました。

普通の会社であれば、これほどのトラブルメーカーはとっくにクビを切られていたと思います。

でも私は彼をクビにしようとは思いませんでした。彼に直接話を聞くと、「ひとりで微生物の研究に没頭したい」と言います。

私はその申し入れを受け入れ、彼のやりたいテーマで研究することを許可しました。するとなると彼はまるで水を得た魚のように、研究室で生き生きと働き始めました。

彼がトレハロースにかかわる菌を発見したのは、ちょうどその頃のことです。彼はその菌を発見したお陰で世界的に有名になり、その後、博士号を取得し、会社を退職した後も地方の大学の教授として迎えられるまでの存在となりました。

日本では、集団生活において何よりも〝和〟を重んじる風潮があります。これは、村社会の集合体である日本独特の文化であり、集団の調和を図るうえでも大切な概念です。

しかし、時にその〝和〟を重んじる姿勢が強くなりすぎると、「あの人は集団にそぐわない」と弾《はじ》かれてしまう人が出てくることになります。

その人がなぜ集団の中で浮いてしまうのか？　〝和〟を重要視するばかりでなく、「和を乱す」方にも視線を移し、まずは問題の根本を探り、そこから解決策を導き出していくことが重要なのだと思います。

「適材適所」という言葉がありますが、どんな人にも「もっともふさわしい場所」「才能が生かせる場所」というものがあるはずです。

〝和〟を重んじる姿勢は、日本型経営の利点ですが、それが強くなり過ぎるとその利点も欠点になってしまいます。

それぞれの部署という小さな〝和〟が集まって、企業という大きな〝和〟が成り立っています。そういった大局観を持ち、大切な人材を「適材適所」で生かしていくことが、これからの企業経営には必要なのではないでしょうか。

「コネ」は絶対悪ではない

「林原」では当時、新卒の募集は一般公募を一切行わず、社員やOBの紹介といった「縁故採用」がメインでした。

縁故採用と聞くと、多くの人が「コネ」という言葉を思い浮かべると思いますが、世間的にはあまりいいイメージがないことは私も理解していました。

確かに、縁故採用には実力や才能といったものを考慮せずに採用してしまうというデメリットがあります。

しかし、私たちはそんなデメリットよりも、縁故採用のもたらしてくれるメリットのほうを重要視していました。

「林原」は祖父の代から数えると、優に100年を超える老舗企業でした。そんな長い歴史があるため、長年働いている社員やかつて在籍していたOBから「うちの子供を林原で働かせてほしい」とお願いされるケースが実に多かったのです。

みなさん、自分の子供がかわいいのは同じです。そんな大切でかわいい我が子を

「林原で働かせてほしい」と言ってきてくれるのですから、これほど社長冥利《みょうり》に尽きることはありませんでした。

長い付き合いのお得意様（取引先）から「ぜひうちの子供を」と言っていただくこともたくさんありました。そういった場合も「林原はいい会社だ」と認めてくれているからこそ、言ってきてくれるわけです。そんな気持ちを私は無下にすることはできませんでした。

実際、当時の「林原」には、親子二世代、三世代にわたって勤務してくれていた社員も珍しくありません。

採用された社員のほうも、縁故で入社したからには下手なことをしでかして紹介者の顔に泥を塗るわけにはいきませんから、一生懸命仕事に従事してくれました。このように、縁故採用は決して悪いことばかりではないのです。

縁故採用に限らず、「林原」で私は「昔ながらの日本型の経営法を大切にしていきたい」といつも考えていました。

せっかく「林原」に入社したのですから、全社員に定年まで勤めてほしいと思っていました。ですから、私はリストラなど一度も行ったことはありません。「この会社で一生がんばっていきたい――」。そのように社員に思ってもらえる会社を、私は目指していました。

近年は多くの日本企業が欧米型に倣《なら》い、実力主義、成果主義を取り入れています。落ちこぼれた社員は容赦なく切り捨てられ、実力のある社員はより条件のいい会社を探し、次々に転職していきます。結果が出なければ上司から罵られ、同僚からも白い目で見られるなどして毎日毎日過度の緊張状態に置かれ、精神を病んでいく人も多いと聞きます。

欧米型の〝能力〟重視の経営スタイルは、がんばればがんばるほど給料が上がるわけですから、社員のやる気を引き出すには色々とメリットのある経営方法でしょう。しかし、だからといって欧米のやり方をすべて真似する必要はまったくないと私は考えます。

日本の文化に馴染んだ、もっと日本人にあった企業のあり方、経営スタイルというものが絶対にあるはずなのです。

私はその志半ばにして「林原」を去ることになってしまいましたが、ぜひ、若き世代の経営者の方々には、そんな「日本ならでは」の経営スタイルを模索していってほしいと思います。

老舗の〝伝統〟を守り続けることの大切さ

日本のモノ作り社会には、昔から職人さんたちの間に「一子相伝《いっしそうでん》の技術」というものがありました。

親から子へと、代々受け継がれてきた繊細で高度な技術は、様々な分野の〝職人〟と呼ばれる人たちの間で脈々と息づいてきたわけです。

かつては企業（とくに製造業）のなかにも、そんな〝職人気質〟の社員がたくさんおり、彼らの高い技術を他の社員が真似をして覚え、製品のクオリティを維持していたのです。

しかし、デジタル全盛の今、その多くがロボットやＡＩといったものに置き換わり、アナログな「職人の技術」的なものは廃《すた》れていく一方となってしまいました。

本来であれば老舗と呼ばれる部類の会社こそ、こういった「職人の技術」を失ってはならないのに、合理化ばかりを優先させてきたため、せっかくの「日本ならではの技術」はもはや風前の灯です。

バブルが弾けた１９９０年代以降、大手の製造企業は合理化を推し進め、製造の拠点を海外（東アジア）へと移す流れがずっと続いてきました。

その結果、日本が誇った「一子相伝」の高い技術は海外へと流出し、様々な分野で先頭を走っていたはずの日本が今や、他国の後塵を拝するようになってしまったのです。

日本の大手企業は「グローバル化」と「合理化」を進めるあまり、一番の強みであった「技術」と「知恵」を海外に流出させてしまいました。

しかし、現在の日本の惨状を見る限り、その経営方法は間違っていたと言わざるを得ません。

中国やインドといった人口の多い国々で「メイドインジャパン」の製品を売るのは大いに進めるべきですが、製造の拠点の大部分を海外に置くような選択は絶対にしてはならないのです。

日本の企業は今こそ、目先に利益にとらわれず、長期の視点を持って動くべきです。これは私の自戒の念も込めて申し上げておきたいと思います。

子供たちの「教育」も見直すべき

私は子供の頃、地面を這《は》っている昆虫の「アリ」の研究をしたことがあります。

アリは、エサなどを巣へと運んでくる労働専門の「働きアリ」と、あまり働かない「幹部クラスのアリ」の2種類がおり、それぞれ食べるものから一日の生活マニュアルまで、育てられ方がまったく違いました。

働きアリは軍隊と一緒で、リーダーの指示に則って、その通りにしか動かない（動けない）仕組みになっています。

一方の幹部クラスのアリは、食べるものも、一日のスケジュールも自由度のかなり高い生活を送っていました。

この「教育の差」がどういうところで表れるかというと、働きアリと幹部クラスのアリの2匹を巣から何百メートルか離れたところにぽんと置くと、幹部クラスのアリは帰ってくることができるのに、働きアリは帰ってこられないという結果になるのです。

働きアリはエサを巣に運ぶ先導役のリーダーがいる時には、巣にちゃんと帰ってくることができます。しかし、単独でどこかにぽんと置かれると、先導してくれるアリもおらず、どこに帰っていいのかわからなくなってしまいます。

ところが、働きもせず、自由を謳歌していた幹部クラスのアリは、時間はかかるものの、いろんな道を試しながら何とか巣に辿り着くのです。

この結果を見て、私は働きアリと幹部クラスのアリの違いが、人間にも当てはまるのではないかと感じました。

幼い頃から型にはめたような育て方をしてしまえば思考の範囲が狭められてしまい、自由な発想などもできなくなってしまいます。

今の子供たちは「いい学校に入るために」と小さい頃から塾に通い、受験で難関校に合格することだけが目標となっています。このような生き方は、まさに「働きアリ」の育てられ方と同じです。日本人がそのように単一化されていけば、日本の企業は世界の中でただ取り残されていくだけとなるでしょう。

人間にはそれぞれ個性や能力というものがあり、いい面もあれば悪い面もあります。子供の教育には、悪いほうを指導してなくしていく育て方と、いい面をうんと伸ばし、悪い面を減らしていくという育て方の二種類があると思います。

私の父の教育法は、基本的に後者の育て方でした。ですから学校の勉強の成績などに関して何か言われた記憶はまったくありません。

小・中学生くらいのお子さんをお持ちのお父さん、お母さんに申し上げたいのは、たとえ兄弟であっても、人間は一人ひとり性格も能力もまったく異なるということです。

それをまず大前提に考えていただき、悪いところを直すというよりも、むしろいいところを伸ばすという形で子育てをしていただきたいと思います。

そのためには、「今の子供たちはこうだから」と十把一絡《じっぱひとから》げに考えるのではなく、お子さんの特性を見抜き、いろんな才能を育ててあげてください。

器《うつわ》の大きな人間に育ってほしいのならば、まずは両親ご自身が器を大きくしなければなりません。

世界の中で活躍できる日本人をひとりでも多く育てていくことが、これからの社会の使命でもあります。それを親の世代のみなさんにも忘れないでほしいと思います。

中堅・中小企業を再生する方法

私が理想に思う会社、「いい会社」とは、「やりがいのある仕事があって、居心地のいい会社」です。

「林原」で社長を務めていた時も、私は「いい会社」を目指し、経営を行っていました。新卒で入社し、定年まで勤めるとなると40年を同じ会社で過ごすわけです。社員の人生の大部分の時間を私の会社が占めているのですから、取り仕切る社長の役割は重大です。

何十年も付き合っていく仲間たちが、出世のことしか考えない利己的な人間ばかりでは、とても「居心地のいい会社」とは言えません。

かつての日本人なら誰もが持っていた「やさしさや思いやりの心」だけは、今の社会で生きる人たちにも失ってほしくないのです。

「かつてあった日本型経営の〝いい部分〟は引き継いでいくべき」。これが私の考え方ですが、このなかには先述した人間の「心」の部分も含まれています。

外資系の企業がそうであるように、出来高制で給料が2倍になったり、半分になったりというシステムが当たり前になったら、「やさしさや思いやり」などとは言ってはいられません。国内の企業がそういった企業ばかりになったら、我々はもう〝日本人〟ではいられなくなってしまいます。

２００８年に起こったリーマンショックでは、巻き込まれて大変な思いをした企業も多いと思います。

しかしあの一件も、「欧米のやり方をそのまま日本に導入したら、大変なことになる」と日本社会に知らしめてくれたわけですから、大きな意味があったのではないでしょうか。

日本型経営のいい部分は受け継いでいきながら、欧米流のやり方のいい部分も取り入れていく。これからの日本は、そのバランスをしっかりと取れる企業が生き残っていくのだと思います。

そうしないと、今ある日本の大企業のように「グローバル化」「ＩＴ化」を追っている限り、日本は外国との競争からすべて脱落していくと考えられます。この機会にどうか真剣に考えてみてください。

終章

常識を打ち破る、新たな戦い

「林原」の経営を一旦手離し、私はひとりに戻りました。人の人生は棺を蓋《おお》いて初めて評価が定まると言います。貴重な社長としての経験を糧《かて》に、私は今、新たなる第三の道を歩き出そうとしています。私がこれから成そうとしていることとは——。

「直観力」で新製品を開発！

日本には仏教が大陸から伝わる以前から「神道」という、「太陽（お天道様）」を神と崇《あが》める考え方が根づいていました。

現代でも、その流れは連綿と続いており、事務所の一角に「神棚」が設置されている会社も数多くありますし、商売繁盛を願い、節目節目に神社へお参りをするのも、日本人が「神道」というものを心の支えとしている表れのように思います。

実は、私は幼い頃から〝霊感〟が強く、神道や仏教というものにもひと一倍興味を持っていました。

「ねえねえ、あそこに幽霊がいるよ」――。

物心がついたときからこの力が備わっておりましたので、子供の頃は何の気兼《きが》ねもせず、周りの大人たちにそう話していました。もちろん、誰もが気持ち悪がっていましたが、子供ですからそんなことはあまり気になりませんでした。

思春期を過ぎた頃から「黙っていたほうが〝変なやつだ〟と思われなくて済む」と気付き、他人に霊の話をすることはやめました。

高名な僧侶にお願いし、霊が見えなくなるお経を教えてもらったこともあります。それを毎日唱えていると一時《いっとき》霊が見えなくなりましたが、すぐに元に戻ってしまったので今は取り立てて何もしていません。

「年を取れば、霊感も落ちてきっと見えなくなる」とも思っていましたが、逆に今のほうが精神的に研ぎ澄まされているからでしょうか、子供の頃よりもよく霊が見えるようになっています。

「林原」時代、「どうせなら、科学的に霊を検証してやろう」と思い立ち、林原生物化学研究所でひっそりと霊の研究をしていたこともあります。

専門家に生物のエネルギーを計測する装置を作ってもらい、そこで様々な実験を行った結果、「魂のようなもの」の存在は科学的に確認できました。今現在、将来においても再現性があり物理の法則に従って証明されるのであれば、十分科学として見る価値があると思っています。科学の延長として本来の技術を組み合わせ、新しい技術開発に利用すべきだとも思っています。

そしてこの研究によって、我々の身近に存在する植物、微生物などが人間の体にいろんな形で影響していることもわかりました。

私独自の能力から端を発した研究でしたが、そこで得られた様々な結果から「人間の体に効率よくエネルギーを供給するにはどうしたらよいのか？」を知ることができ、そこから現在私が行っている栄養食品（サプリメント）・水の開発へと繋がっていきました。

私には、人々の体の持つ「特徴」や「強さ・弱さの根源」、さらに「その人の体が必要としているもの」が直観的にわかります。この〝直観〟を使い、周囲の人たちが抱える問題の解決の手助けを今まで続けてまいりました。これもきっと、私独自の霊感のなせる業なのだと思います。

これからは「サプリメント」の時代

先述したように、私は今、独自の能力である〝直観力〟を使い、栄養食品・水の開発に取り組んでいます。

「林原」ではインターフェロンやトレハロースといったヒット商品を生み出すことに成功しましたが、それ以外にも実に様々なものを開発していました。

例えば、安定性を高めたビタミンC「AA－2G」(L－アスコルビン酸2－グルコシド)。

ビタミンCは元来不安定な物質なのですが、これにブドウ糖を結合させることで安定化することができました。「AA－2G」は1キロ当たり数万円と高価格ですが(ビタミンCは1キロ1000円程度)、化粧品の原料など、医薬部外品向けの素材として非常に重宝されています。

このように「林原」では酵素や微生物をコントロールする技術を用い、独自の食品・医薬品素材を製品化してきました。

しかし、後々やっていきたいと思っていた栄養食品（サプリメント）の開発に着手する前に、私は「林原」の経営から身を引くこととなってしまったのです。

私が現在製品化に向け開発中のサプリメントは、前述したように永年にわたる研究・経験の蓄積、そして、私独自の直観力に基づいて作られたものです。

サプリメントの開発において何よりも大事なことは、素材となる植物や微生物の持つ不思議な要素と、そのエネルギーを感じ、理解することだと思っています。

誰に知られることなく、道端にひっそりと茂っている草々、あるいは可憐な色彩で季節を華やかに彩る花々など、そこに潜んでいる不思議な力は驚くべきものばかりです。漢方では古くから植物や動物たちのそういった不思議な力を感じ、人間の体を改善するための薬として用いてきました。

この私にも、永年にわたる研究・経験により蓄積してきた「人間の体を改善するための情報」がそれこそあふれるくらいにあります。

私の知識や知恵をサプリメントとして世の中に送り出し、多くの人に役立ててもらう――。これが林原健としてこの世に生を享けた私の役割であり、果たさなければならない使命であると考えています。

残りの人生にかける、いくつかのテーマ

私には、残りの人生をかけて実現させたい特にふたつのことがあります。

ひとつは、先述しました身近な植物・動物・微生物の持つ不思議なエネルギーを生かした栄養食品（サプリメント）・水の製品化です。

そしてもうひとつは、世界に先駆けて「林原」で開発したインターフェロンの流れを汲んだもので、私が開発した新しい種類のインターフェロンを素材とする「末期ガンに強い効力を持った抗ガン剤の製薬化」を医師たちと共に実現したいと考えています。そのための製法はすでに私の頭のなかにしっかりとありますが、それを実現させ

るにはもう少し時間が必要です。

このふたつが残りの人生をかけて実現させたいメインの事柄でありますが、それ以外にも「これはやっておきたい」ということは私のなかにいくつか明確にあります。


不老長寿に関する薬も、そんな数ある「実現させたいこと」のひとつです。

不老長寿は人間の長年のテーマであり、永遠の夢ともいえる健康問題ですが、それを実現させるための薬を天然物から生み出せないか。その研究を今、他の研究と並行して進めていますが、成果を得る一歩手前まできています。

元気で健康で、死ぬ時はポックリ逝《い》く。理想とされるこの逝き方を俗に「ピンピンコロリ」と言ったりしますが、寝たきりで意識もないような状態で何年も生かされるより、痛みも苦しみもなく「ピンピンコロリ」で死ねるほうがいいに決まっています。

私は、ひとりでも多くの人が「ピンピンコロリ」で大往生できるような世の中にしたいのです。

また、この不老長寿に関する薬に付随して、「アルツハイマー」と「痴呆症」に効く薬の研究も現在進めているところです。この薬も、一日も早く世に発表したいと考えています。

ここまでお話ししてきた「私のやりたいこと」は、サプリメント・水や薬に関することでしたが、もうひとつ、それらとはまったく違った「やりたいこと」が私にはあり、その研究も他の研究と並行して現在行っています。

その研究は、先述した「霊感」とも関係した研究なのですが、「霊魂を映像化（写真）する」ことで、今まさに挑戦しているところです。

いわゆる〝幽霊〟とは、成仏していない魂のことで、私が撮影しようと試みているのは成仏した魂である〝霊魂〟のほうです。

〝幽霊〟と〝霊魂〟はまったく違ったもので、〝霊魂〟は、私には「きれいな光」に見えます（具体的に言えば、虹の光のような極彩色の輝きです）。この〝光〟を撮ろうと、専用のスタジオを造り、特別な機器によって映像化を試みています。

写真での映像化が実現した後は、動画にもチャレンジしていきたいと考えています。

そして最終的には、発明家のエジソンが志半ばで諦めた「霊界と対話できる機器」の開発までいけたなら私も本望です。

ガンの根は20年前にできている⁉

日本人の死亡原因の1位であるガンという病は特効薬がまだ見つかっておらず、検査などによる「早期発見がカギ」であると言われています。

確かに、ガンは早期発見することが肝心ですが、実はガンは「急にできる」ものではありません。

「去年受けた人間ドッグでは問題なかったのに、今年受けた人間ドッグでガンが発見された」と病院での検査に感謝する人はたくさんおりますし、多くの人が「ガンは急にできるもの」と思っていらっしゃることでしょう。

しかし、ガンが「急にできる」と思われているのは「ガンとして表層に現れる（検査などで見つけられる）ようになるのが急である」というだけで、実はその〝根〟のようなものはそのもっと以前から体内に存在しています。

具体的に言えば、その〝根〟（「種」と言い換えてもいいかもしれませんが）となる「ガンの根源」は約20年前から体内に存在しているのです。

ガンの根は20年前に発生し、それが20年の歳月をかけて〝ガン〟という病気として発症し、体に悪影響を及ぼすようになるわけです。

私の考案化をもとに医師が配合・処方した薬をガンの患者さんに服用してもらうと、一部の患者さんは短期間でパッとガンが消滅し、表面的には完治したように見えます。しかし、先述したように、体内には20年前から存在する〝根〟がまだ残っていますから3～4年経つと再びガンが表層に現れてくることになります。〝根〟の存在を知るまでは、私も「何で再発するのだろうか?」と不思議に思っておりましたが、〝根〟がある限り、ガンは何度も再発します。つまり、ガンを完治させるには、その〝根〟をしっかりと断ち切る必要があるのです。

そして最近、薬の配合を変えればこの〝根〟をすべて除去できることがわかりました。ただ、まだすべてのガンに対しての処方がわかったわけではないので、今、その研究を進めているところです。

人間の寿命は、あらかじめ定められているものではありません。その人の性格、日々の生活習慣、食生活、環境、そういった様々なことが長い年月をかけて体にいろんな影響を与え、それが結果としてその人の寿命となって表れます。

今は元気なように見えていても、不規則な生活や暴飲暴食あるいは偏った食生活をしていれば、何らかの病の〝根〟が体のなかに発生している可能性があります。そして、そのなかでもガンは〝根〟が発生してから病気となって現れるまでに20年もの長い歳月を要するのです。

自分の生活を見直し、「乱れているな」と思われたら、今からでも遅くありませんから、ぜひ生活習慣を少しずつ変えていってみてください。すぐに結果は出ませんが、長い目で見ればそれが「病の発芽」を防ぐことになります。

私は、そんな「病の発芽」を防ぐべく、これからも残りの人生をかけてサプリメント・水や薬の開発に励んでいく所存です。

サプリメントは〝適量〟が肝心

「健康食品（サプリメント）は、栄養成分含有量の多いほうがいい製品だ」とお思いの方々が世間には多いようですが、サプリメントは「量を摂取すればいい」というものではありません。最も重要なふたつのポイントは、その人にとって、「いちばん必要な量であること」と「口から入ったサプリメントが効果のある方法で吸収されること」です。

例えば、先述したビタミンCもそうですが、あまりにも大量に体内にビタミンCを取り入れても、吸収されず体外へ排出されてしまうのがオチです。

また、特定の栄養成分だけを過剰摂取することで、副作用が出てしまう恐れも多分にあります。

人間の体内システムは実に複雑に、繊細に、そして機能的にできています。大切なのは「その人にとって必要な成分を、必要な分だけ取る」ということ。摂取するサプリメントの量はできる限り少ないほうが望ましいですから、私の作るサプリメントも

「できるだけ少なく済むよう」に設定されています。

また、これはサプリメントに限らず、薬全般（抗ガン剤なども含む）に言えることなのですが、一般的に設定されている薬の摂取量（用量）はどれも多過ぎます。

抗ガン剤では、そもそもの摂取量が多すぎるため、その副作用によって体の免疫作用が破壊され、それが原因で死にいたってしまった方も多数いらっしゃいます。

製薬会社の都合によって摂取量が多めに定められているのではないかと勘繰りたくもなりますが、サプリメントも薬も「その人にとって適量であるかどうか」が肝心であり、それが私の研究テーマのひとつでもあるのです。

私が開発してきたその他の素材

先述した安定型ビタミンC以外にも、「林原」時代に私は様々な素材を開発してきました。そのうち、今でも取り扱っているものをいくつかご紹介したいと思います。

「乳果オリゴ」

難消化性糖質のラクトスクロースを主成分とするオリゴ糖です。乳糖と砂糖が原料となっており、最大の効用としては善玉菌を増やして腸内環境を整えることが挙げられます。

オリゴ糖は善玉菌のエサとなり、腸内に潜む善玉菌（ビフィズス菌等）が増加します。善玉菌は酸を出し悪玉菌を駆逐することにより、腸内細菌（腸内フローラ）の環境が良好となり、免疫力の向上なども期待できます。また、腸内環境を整えることで、花粉症に代表されるような「アレルギー反応」も改善されることが報告されています。

「糖転移ヘスペリジン（ビタミンP）」

みなさんがあまり聞きなれない「ヘスペリジン」とは、温州みかんやはっさくなど、柑橘《かんきつ》系の果物の皮や薄皮に多く含まれるポリフェノールの一種です。

「林原」で開発したこの「糖転移ヘスペリジン」は人工的に糖と結合させた物質で、通常のヘスペリジンと比較し、10万倍水に溶けやすくなり、体への吸収率が4倍向上しています。

「ヘスペリジン」は一般的に血行をよくする効果があると言われていますが、私たちの開発した「糖転移ヘスペリジン」はさらに血流を高める効果があり、冷えの改善や中性脂肪を低減させる効果もあることがわかっています。

「自然の力」は偉大なり

「林原」時代の流れを汲みつつ、今は私なりの研究、開発を続けている最中ですが、素材のもととなる天然の草花の研究をしていると、大自然の持つ不思議な力をいつも感じます。

漢方などに代表されるように、人類は古くから自然の草花の効能に気付き、それを病気やケガの改善のために使用してきました。

「薬草」などというと、何か特別なもののように感じてしまいますが、実は私たちの身近に「効能のある草花」はいくらでも存在しています。

例えば、沖縄県などの温暖な地域で、海岸沿いに自生する長命草《ちょうめいそう》（ボタンボウフウ）という多年草があります。

激しい波風が打ちつける断崖など、一般的な植物が育ちにくい場所に自生しており、潮風によって運ばれた海のミネラルを吸収し、強い太陽が照りつける環境でもたくましく成長する生命力の強さが特徴です。

与那国島《よなぐに》では「一株食べると一日長生きする」と言われ、他の野菜と比べると長命草は驚くほど多くの栄養素を含んでいます。

ビタミンやミネラル、アミノ酸を豊富に含み、古くから南国では料理に、民間薬にと健康食品として役立てられてきました。

長命草は、高血圧、動脈硬化、リュウマチ、神経痛、百日咳などに効くとも言い伝えられてきました。民間療法では風邪やぜんそく、腎臓病、神経痛の治療にも用いられているそうです。

また、最近の研究から、ガンや心筋梗塞《しんきんこうそく》などの生活習慣病、さらにインフルエンザなどの病気に関係する活性酸素を撃退する強力な抗酸化作用、そして肝臓の保護作用などもあることがわかってきています。排尿促進や血流改善などにも有効で、エイジングケアや肌の若返りなども期待できます。

南国の草花を紹介したので、今度は場所を北に移しましょう。

秋田の名物として知られる「じゅんさい」は、スイレン科の多年生水生植物で、澄んだ淡水の池沼で育ちます。秋田でも沼と水が豊富な三種町《みたねちょう》がじゅんさいの生産量日本一を誇っており、全国の生産に占める割合は9割に上ると言われます。

葉を覆う透明なゼリー状の「ぬめり」が特徴的で、「食べるエメラルド」とも称されています。つるりとした喉ごし、ぷりぷりとした食感が珍重され、古くから料亭などで清涼感のある高級な食材として用いられ、水が育む夏の味覚として食されてきました。

じゅんさいの歴史は古く、別名「ぬなわ（沼縄）」と呼ばれ、『万葉集』でも歌われています。中国医学では、じゅんさいの薬効が古くから認められていました。

現在では、じゅんさいは抗ガン作用や解熱、解毒、胃弱を治す、腫れを消すなどの効果があると言われています。

まさにじゅんさいは、天然の健康食品であると言え、じゅんさいから抽出されたエキスはセルライトを体内から除去し、さらにコラーゲンの産生を促進してくれます。そういった働きから、血中中性脂肪、内臓脂肪、皮下脂肪の減少、しわやたるみの減少、動脈硬化リスクの低減など、美容効果、そして健康促進にも大いに活躍してくれています。

みなさんの身近にも、長命草やじゅんさいなどのような、美容や健康に大きな効果をもたらしてくれる草花がきっとあるはずです。

「林原流健康法」～コーヒーを水代わりに飲む

世界中の人々から愛される「コーヒー」には、健康にまつわる医学的効果がたくさんあるとして、近年、様々な研究が進められています。

国立がん研究センターはその研究結果から「コーヒーを摂取すると全死亡リスク及

び心疾患、脳血管疾患及び呼吸器疾患による死亡リスクが減少する」と発表していますし、「糖尿病に効能がある」と発表している研究家もいます。

その他にもコーヒーの効果、効能は「大腸ガンや肝臓ガンの発症を抑制する」とか「動脈硬化を防ぐ」「老化のもととなる活性化酸素を消去する」など様々で、それこそ挙げだしたらキリがないほどです。

私もコーヒーが好きで、毎日水代わりにコーヒーを飲んでいます（1～2リットルは飲んでいると思います）。

私なりにコーヒーについて研究をしてみたところ、コーヒー豆に含まれるポリフェノール類（カフェ酸）が血管内のプラークを取り除く（減少させる）効果があることがわかりました。

高齢になると血管が硬くなり、内壁も痛んできます。動脈硬化が原因で起こる、脳梗塞や心筋梗塞、脳血栓などの血管障害での死亡数は、ガンに次いで多いのが現状ですが、コーヒーを毎日飲むことによって、そういった「血管に類する病」におかされる確率を下げることができるのです。

先述したビタミンPやコーヒーなどを摂取することにより、身体中の毛細血管を活性化することができます。

あとがき　～日本人として大切なもの

私は半世紀ほど前、デンプンや糖を扱う家業を継ぎ、それから岡山の中堅企業のオーナーとして生きてきました。

残念ながらワケあってその企業も手放すこととなってしまいましたが、私の歩んできた足跡が「これから社会を担う方々の参考になれば……」と思い立ち、また今後の自分自身の新しい歩みのためにも必要なことだと感じ、本書を記しました。

世界の中で、これからの日本は激動の時代に入っていくと私は考えています。

そんな環境のなかで、かつての私のような中堅企業のオーナーはこれから先、様々な障害や壁と対峙《たいじ》していくことになるでしょう。

政府は資金面において、中堅・中小企業を支援する政策を実施していますが、ほとんどの中堅・中小企業はその恩恵を受けておりません。

中堅・中小企業のために、本当に政府がやらなければならないのは、付け焼刃的な政策ではなく、もっと根本的に問題を解決していこうとする政策です。

そして私が思う一番しなくてはならない政策は、中堅・中小企業の過去の実績をもとに、しっかりと〝支援〟していくということです。

株式上場している大企業は、資金調達のルートがふんだんにありますが、中堅・中小企業はそうではありません。

大企業は決算で何百億もの赤字を出しても政府や銀行のバックアップによって存続できますが、中堅・中小企業はそれこそ百万、千万の単位で赤字を出せばすぐに終わってしまいます。

トップの責任にしても、大企業は何か不祥事が起こってもトップが辞めれば済みますが、中堅・中小企業はそんなわけにはいきません。

中堅・中小企業のオーナーは家や財産を担保に、銀行などから資金を借りていますから、もし会社が倒産するようなことになったら、社長も即一文無しになってしまうのです。

そんなことから、中堅・中小企業のオーナーは会社を存続させるために、それこそ死に物狂いで働いていらっしゃいます。

今、日本を支える企業のうち、中堅・中小企業はその99％を占めていると言われています。中堅・中小企業が元気にならなければ、本当の景気回復も望めません。日本の未来のカギを握っているのは大企業ではなく、中堅・中小企業なのです。

これからの社会を担っていく、若い世代の方々には、かつての日本人が当たり前に持っていた「思いやり」や「社会に貢献しようとする気概」を絶対に失ってほしくありません。

また、若者たちは「日本人として大切なもの」をしっかりと考え、裸一貫で海外に飛び出していくような無鉄砲なことはせず、相手国の情報、文化、風土、歴史――そういったものを事前に学び、日本人の幼稚さを卒業してください。そして、日本人の苦手な〝洗練〟〝成熟〟を身につけて、海外で勝負していただきたいと思っています。そうすれば、道はきっと開けます。

*

私も、次世代を担う若い方々に負けないよう、これからも世の中に貢献していくことをお誓いして本書の結びとさせていただきます。

林原　健

平成三十年卯月

異能の人

浜田卓二郎

あるテレビ番組で妻のマキ子の「あの人は今どうしているか」を題材にしたものがあり、私も脇役のかたちで出演したことがありました。

その時、司会者から「マキ子さんは秀才ですか?」という質問がありました。そこで私は、「典型的な秀才とは私のような者を言うのであって、時々鋭い直観力を発揮するマキ子は秀才と言うより、〝突発的天才〟と言うほうが適切でしょう」と答えました。

私はそこで、普通一般に言われる〝秀才タイプ〟という、やや自分を卑下した表現をしたつもりでした。ところが実際の放映では、マキ子について言及した部分はカットされていて、「私は典型的な秀才」だという部分だけが放映されていました。そこで、その後にあった大蔵省のＯＢ会では、「お前は典型的な秀才だそうだな」と随分からかわれました。

そのマキ子に、彼女が親しくしていた本書の著者である林原健氏を紹介された時、私は「彼もマキ子と同類だ」と思うと同時に、「異質の人がいる――」という驚きに見舞われました。


私は「幽霊」を見たことがありません。

林原健氏は物心ついた時から幽霊が見えたそうです。この「霊が見える能力」は、普通であれば大人になると見えなくなると言われますが、彼の場合は、年を取るにつれ、「精神的に研ぎ澄まされてより強くなっている」と言います。

さらに彼は、「生物のエネルギーを計測する装置」を作って「霊のようなものの存在」を科学的に解明しようと試みた結果、それを「確認できた」というのです。

また、この霊を確認しようとする研究によって、彼は「身近に存在する植物、微生物などが人間の体に色々な形で影響していること」も詳細にわかったそうです。

「幽霊」を見たことはなく、特別な「直観力」も持たず、設定した目標に向かってコツコツと努力してきた私のようなタイプの人間にとって、いくらマキ子のような「突発的天才」の存在に慣らされてきたとはいえ、林原健氏の存在は正に驚きでありました。

初めは半信半疑の思いもありましたが、付き合いが長くなり、健氏を知れば知るほど彼の能力の深さ、直観力のすごさに感銘し、今は天才というよりも「異能の人」と呼ぶようになっています。

この「異能の人」が目標を設定し、コツコツと努力を重ねていったのですから、そこから生みだされる成果は想像に余りあります。それが世界を驚かす「オンリーワンの製品」を次々に送り出してきた「林原王国」だったのです。

ジャガイモのデンプンの研究からカバヤキャラメルで全国を制覇した父・林原一郎氏の跡を継ぎ、デンプンの研究に打ち込み、自ら設立した「林原生物化学研究所」を拠点に、世界的に普及したマルトース、トレハロースの開発・量産化に成功、次々に画期的製品を生み出し、さらにはインターフェロンの量産化にも成功したのです。

こうして築かれた林原王国は、しかし、突然の崩壊に見舞われます。

林原健氏はひとりになりました。しかし、ひとりになった健氏には、永年にわたる研究経験により蓄積してきた「人間の体を改善するための情報」が、それこそあふれるくらいにあり、独自の能力である〝直観力〟はますます研ぎ澄まされています。

そして彼は、それを生かして、残りの人生をかけて、人の生命にかかわる色々なものを生み出してゆこうと思っています。

私も彼と同じ76歳になりますが、その想いに共感し、人生の集大成として努力してゆきます。

林原健氏の今の想い、新しい出発への決意が綴られたのが本書です。私も彼と同じ時代に、同じ76年を歩んできた想いを重ねて感慨深く読みました。

彼の新しい出発の幸多きことを祈り「刊行に寄せて」とします。

《弁護士、元国会議員》

林原　健（はやしばら　けん）

フェロー（研究者／企業家）。学校法人順正学園 名誉客員教授、株式会社林原健３０７取締役、元・株式会社林原 代表取締役社長。昭和17年1月12日、岡山県生まれ。株式会社林原では、トレハロース、インターフェロン、高純度マルトース、プルラン等、デンプンを元にした新しい糖質を開発、世界シェアを席巻する。２０１１年代表辞任後は、独自のネットワークで開発を続けている。受賞歴：科学技術功労者賞（１９７５年）、藍綬褒章（１９９７年）。著書：『林原家』日経ＢＰ社（２０１４年）。

日本《にっぽん》企《き》業《ぎょう》はなぜ世界《せかい》で通用《つうよう》しなくなったのか　ベスト新書 578

二〇一八年五月二〇日　初版第一刷発行

著者◎林原《はやしばら》　健《けん》

発行者◎塚原浩和
発行所◎ＫＫベストセラーズ
東京都豊島区南大塚二丁目二九番七号　〒170-8457
電話　03-5976-9121(代表)
http://www.kk-bestsellers.com/

装　幀◎坂川事務所
印刷所◎錦明印刷株式会社
製本所◎ナショナル製本協同組合
ＤＴＰ◎株式会社オノ・エーワン
構　成◎萩原晴一郎
編集協力◎林原ＬＳＩ株式会社／株式会社林原健３０７

ISBN 978-4-584-12578-6 C0295